名畫中的時尚元素

Fashion Elements in Classical Painting

蕾絲袖口、荷葉邊、蝴蝶結、長筒靴、高跟鞋、塑身內衣……
這不是當季最新的設計元素，
而是16世紀起就流行於歐洲的服裝時尚！
本書從**西洋名畫**中解析出歷久不衰的流行服飾元素，
從社會、文化、美術等多重角度，解讀時尚這回事

許汝紘 著

C+ntents

淬煉‧淬煉‧再淬煉

從500年來的經典名畫中，萃取時尚新元素

閱讀是一件非常愉悅的事情，尤其是閱讀關於美的歷史。

美的歷史告訴我們：什麼是菁英者的精緻文化，什麼又是庶民生活的寫照，兩相對比後的差異，究竟距離有多大？而美的歷史也告訴我們：什麼樣的觀感是當代的審美觀，什麼樣的表象，又是人性中追求善美的貪婪，對應現在的觀點，我們的審美觀念與美學素養，究竟進步了多少？

人類思想中追求美好生活的潛質，形塑了一整個時代，形諸於外的時尚表徵。打開五百年來保存於殿堂中的經典名畫，我們將為讀者仔細的歸納出，從十五世紀至十九世紀末，五百年來曾經擄獲人心的時尚元素，哪些細節與設計手法，在二十一世紀的時尚流行舞台上，依舊活躍不止。

從十五世紀大航海時代以來，歐洲強權開始瘋狂地掠奪海外的殖民地與財富，葡萄牙、西班牙、荷蘭、英國與法國，都積極向外擴張並建立殖民地。當時的歐洲，不論是在科學、藝術、商業、醫學，或是國力等方面，都有突破性的進展。因此，在文藝復興時

期，華麗的時尚流行席捲了宮廷與貴族圈。這場華麗盛宴，不僅要展示強大的國家實力，更要展現強烈的擴張企圖心。文藝復興時期奢華的代表──切縫設計，經過了五百年，依然在今日頂尖的奢華流行時尚中，看見了轉移與蛻變的痕跡。

到了巴洛克時期，歐洲的藝術文化中心，開始轉移至法國巴黎。整個十七世紀，歐洲都處於極度擴張的時代氛圍中，土地擴張、掠取財富的政治主張，導致新富階級興起。巴洛克時期繁複、唯美的時尚新主張，既能滿足宮廷的需要，更能彰顯新富階級的影響力。除了蕾絲，還是蕾絲的大量運用與生產，直到今天，依然穩穩地掌握著流行的關鍵趨勢。

十八世紀的歐洲，普遍瀰漫著一股急欲掙脫束縛的躁動，人們既崇尚理性、又嚮往自由瀟灑的心靈解脫，讓巴洛克時期華麗尊榮、誇張宏偉的文化觀，開始大幅轉向。甜蜜浪漫的洛可可風潮，在傾向奢華、逸樂、拋開俗世道德鎖鏈與使命感的束縛下，一切的創作，皆從唯心出發，真確地表現了人類不受縛

綑的自然情感。這個時期流行的蓬裙與細緻的螺紗設計，到了現在，還是婚禮中新娘結婚禮服的首選。

　　法國大革命之後，拿破崙建立了強大的「法蘭西帝國」，一種向「羅馬帝國」致敬的英雄主義傾向，在政治和藝術的領域上快速蔓延開來。從十八世紀末到十九世紀二○年代，在服裝史上被稱做「新古典主義時期」。這個短暫的時期，流行奢華、復古的時尚風潮，幾乎在一夕之間，完全顛覆了從文藝復興時期以來，三百年間所形成的貴族生活方式。

　　從十九世紀後半葉開始，歐洲各國的中產階級逐漸抬頭，無論是政治、經濟、文化的走向與發展，都與中產階級息息相關。「自由、平等、博愛」的理想，已經不再是一句口號，而是徹底打破了貴族、富人、平民之間的特權與界線。過去那種以男性的喜好為主的所有流行觀點，完全改變成以女性的需求為主導的時尚流行。從此之後，人們只要提起時尚或流行，就會完全關注在女裝的發展與改變上。

　　而資本主義體系，更為了要刺激消費，將奢華品都賦予了新的象徵地位與附加價值，以挑動富人們無止盡的渴望與追求。

於是，中產階級的品味開始引領並左右多元的時尚流行。這股風潮到了二十世紀，更是一發不可收拾，成就了現在百家爭鳴的時尚新紀元。

在《名畫中的時尚元素》裡，我們看見了五百年來的流行元素，至今仍持續地在流行舞台上發光發熱。二〇一〇年米蘭春夏時尚週中，我們又看見洛可可時期的蓬裙與蓬袖的設計，經過淬煉再淬煉的過程，重新站上時尚舞台。

生活當中不能缺少的許多美好事物，當然包括了音樂、藝術、文學、生活美學與環境關懷，它們之間息息相關，交錯發展，藉著閱讀、傾聽、經驗交換、用心思索，形成大家堅持、信守的文化風格。由衷的感謝您不吝伸出的溝通與友誼的雙手，那是我們長期以來最大的支持與鼓勵，更是我們向前邁進的動力泉源。

許汝紘

拉斐爾《抱獨角獸的女郎》
1505～1506年 木板 油彩 65cm×51cm
羅馬 波給塞畫廊

文藝復興時期的華麗盛宴

　　十五、十六世紀是歐洲各國迅速發展的時代，不論是在科學、藝術、商業、醫學，或是國力等方面，都有突破性的進展。

　　當時，最先是在中歐與北歐的城市中，出現了一批具有自覺精神的居民，他們開始組成各式各樣的同業公會，包括：商人、科學家及藝術家等，這些人對於醫學、科學與技術知識的需求與日俱增，對於中古世紀宗教、貴族以及經道院所傳授的知識感到懷疑。這種轉變無疑是在挑戰最高權力——教宗。但是，這波追求知識的風潮延燒得太過熱烈，就連教宗也無力全部干涉，於是，連宗教也無可避免地，跟著這波潮流進行自身的變革。因此，整個社會開始產生大變化，許多重要的知識，在這個時期有了重要的進展，哥白尼的「地動說」，成為當時徹底改變世界觀的先驅。

　　這波「知識革命」，使得各種學科如雨後春筍般紛紛冒出頭來，原有的科學及航海技術，如：測量、數學及天文學等知識，都有了突破性的進展，以致各國君主及商人都懷抱起航海致富的夢想。君主為了尋找新的殖民地，擴展國家勢力；商人和探險家則抱著拓展貿易航線、前往異國尋找金、銀、香料和傳說中的寶藏，以增加財富的想像，紛紛投入大量的金錢及人力、物力。在這兩股龐大勢力的結合下，歐洲迅速進入遠航能力發達的「大航海時代」，促成了「地理大發現」。

到了1453年，土耳其征服拜占庭，大批希臘學者逃亡到義大利，把古希臘的重要文獻重新帶回到歐洲。當時，歐洲社會原本崇尚華麗風格，可是當他們一接觸到古希臘的精神，馬上受到震撼，許多人宣布放棄華麗風格，回歸純樸、追求內省的古希臘精神，從此，開啟了「文藝復興」時代的偉大序幕。

歐洲藝術的新生

文藝復興運動在繪畫方面，也同樣受到古希臘文明的深遠影響，一改以往華麗的筆法，在創作技法上有了全面的革新思維。畫家們回歸古希臘時代的繪畫技巧，改以寫實手法為主，並加入新的元素——運用數學領域中的拋物線條和幾何圖形，構成一幅內容充實、豐富的畫作。同時，也利用光學方面的各類透視法、光譜及色調，使色彩運用更加鮮明靈活。這些新元素的加入，使得此時期的作品，不僅迥異於中古時代，甚至超越了其所師法的古希臘時代，形成一種全新的風格。

文藝復興時期的畫家們，在經過一段時間的研究與探索之後，突破了畫作只能表現於牆壁、畫布及木板的二度空間刻板印象，發明出以三度空間來詮釋繪畫的嶄新方法，讓整個文藝復興時期的繪畫表現，變得更加生動、活潑，可以說是當代歐洲藝術的濫觴。

為衣服保留活動空間

文藝復興時期是個人才輩出的時代，所有被傳統壓制的想法，紛紛解套。哥德時期在各種藝術上追求長度與高度的審美觀，逐漸被「寬度」所取代。在現代，將平面的布料按照人的身體進行立體剪裁的所謂「打版」技術，已經廣為人知，並普遍運用在服裝的剪裁設計上。但是這種利用三角形的兩邊，縫合起來的立體剪裁方法與縫紉技術，是在十八世紀才發明出來的。

在十六世紀時，人們還是透過在布面上做出「切縫」（Slash），保留肢體活動的空間，並將分別製作出來的袖子，和前後、左右的布片，用帶子、繩子或金線連結起來。從切縫的地方，可以看到裡面的白色襯衣。在許多大師的畫作中，都可以看到以切縫裝飾做成的服飾，就可以想像出當時這種剪裁是多麼流行了。

切縫裝飾可以多方面地創造服裝的蓬鬆感，呈現人體無法達到的寬度，常常使用在肩部或臀部上。在女裝使用這種有寬大效果的設計，可以凸顯纖細的腰身，如果再加上緊身胸衣設計，更可塑造出婀娜多姿的體態。當時這種剪裁設計幾乎席捲了整個歐洲，成為獨一無二的流行時尚。

切縫裝飾最早源於十五世紀末，是為了受雇於瑞士與德國的傭兵而設計的制服款式，當然最重要的原因還是功能上的考量。後來，設計師

服裝小常識：切縫裝飾（Slash Fashion）

切縫的剪裁手法，就是將兩塊布分開剪裁，再在這兩塊布的相應位置上打孔，在左右、上下用帶子、繩子或金線連結起來，製作出袖子或衣服的某個部分。這種剪裁方法稱之為切縫，它可以保留出肢體活動的空間。

這種設計風格到了十九世紀初期，衍生出所謂的泡式切縫袖（Slashed-putt），又稱為西班牙袖（Spanish sleeve）。這是流行於1800～1850年代婦女服裝的剪裁方式，主要的特色是，在泡泡袖的袖片上做出縱向的切縫，可以露出內層絲質襯衣。當時的服裝設計師很喜歡利用這樣的技巧，為衣服設計美麗的配色。

杜勒《手持刺薊花的自畫像》
1493年 羊皮紙、木板 油彩 56.5cm×44.5cm
巴黎 羅浮宮

們（當時大都由畫家兼任）超越了原有的功能性，看到了這種剪裁方式在設計上的趣味，而不斷加以改良。羅馬梵蒂岡衛兵所穿的制服，據說是由米開朗基羅設計，至今還保留切縫裝飾的痕跡；而從牛津大學的學士服，也可發現從亨利八世時期就已經存在的切縫設計的痕跡。

仔細看看杜勒（Albrecht Dürer, 1471～1528）《手持刺薊花的自畫像》中人物的袖子，可以很明顯地看出切縫設計的裁切手法和打孔的方式。經過時間的累積與推進，剪裁手法也更形複雜；在不斷地改進、創新之後，才會在十六世紀時，成為廣被運用的服裝設計風格，並且蔚為風尚。

華麗的切縫裝飾

下頁的《朱迪斯和奧羅斐尼的頭》，是一幅多麼令人驚悚的畫作。畫面當中，手持鮮血淋漓的頭顱與寶劍的這位美女，名叫朱迪斯。雖然她的眼神迷茫，但冷靜的臉龐和她美麗的容顏，很難令人與她手上的殺戮行為，聯想在一起。被砍下來的頭顱，頭髮被朱迪斯緊緊抓著，看起來已經僵硬多時，半開半閉的眼睛，空洞的望著天空。整幅畫面在朱迪斯凝神的眼眸中，森冷得令人無法動彈，渾身就像被這殘酷的情節捆綁住似的。

朱迪斯在西歐神話中，與維納斯、莎樂美、夏娃都是廣為人知的美女，朱迪斯的故事被紀錄在《舊約聖經》當中。她為了解救被巴比倫大軍包圍的

以色列，隻身闖入敵陣。她以美
色誘惑敵方的大將軍霍羅孚尼
（Holofernes），並將他灌醉，趁
著將軍酣睡之際，拿起刀子砍下
了他的頭顱，為以色列帶來最後
的勝利。

　　除了克爾阿納赫（Lucas
Cranach）將這段神話入畫之
外，這個英雄的主題，在文藝
復興時期也廣受畫家們的喜
愛，波提且利（Botticelli）、米
開朗基羅（Michelangelo）、維
洛內些（Veronese）等巨匠，也
都曾經以它做為題材，創作出
不少精彩的作品。

　　雖然朱迪斯是虛構的人物，
但克爾阿納赫依然把她當成當
代人物似的，為她穿上了屬於
1530年左右的流行服飾，這也是
畫家創作本畫的年代。朱迪斯穿

▶克爾阿納赫
《朱迪斯和奧羅斐尼的頭》
約1530年 畫板 油彩 87cm×56cm
維也納 美術史美術館

著深紅色的絲絨裙子，戴著裝飾著駝鳥羽毛、與衣服相同質地的帽子，精雕細琢的精緻項鍊，和又粗又大的金鎖鍊，層層疊疊的掛在朱迪斯的脖子上。但你是否發現，朱迪斯袖子上的裝飾十分

特別。從這幅畫當中，我們可以看到朱迪斯的肩部和肘部，以及胸部下方，都露出了白色的襯衣。這種可以從衣服切縫的地方，看到裡面穿著的襯衣的設計方式，就是切縫裝飾。顯然在克爾阿納赫的時代，這種剪裁方式非常普遍且流行。

除了黑色和暗色系的絲絨裙子，在當時的歐洲非常流行外，在絲絨的衣料上，繡上精緻的刺繡，也十分受到貴族們的喜愛。圖案不僅有各式各樣的設計，有時還會看見具東方色彩的蔓草圖案或花紋等複雜的樣式。同樣在十六世紀時，絲絨衣料由喜歡航海冒險的葡萄牙人帶到了東方，就成了現在我們俗稱的天鵝絨。

除了大量運用絲絨這種新穎的質料之外，當時還流行用豪華、厚重的絲織物做成的服裝，上面飾以寶石、金線、刺繡、蕾絲等，同時也很流行為這樣的裙子搭配昂貴的塑身衣。雖然當時服裝的製作方法，以及剪裁、縫紉等技術與工具，都還不是非常發達，但依然能充分呈現貴族的奢華、繁複與貴氣。

其他的切縫裝飾

這幅畫裡的人物服裝極盡誇張變形，但我們仍能從服裝的華麗細節中看見切縫裝飾的經典應用。畫中人物有著異於常人的魁梧體型，前襟以切縫裝飾手法設計，而最經典的莫過於袖子的華麗設計，處處可以看見切縫的痕跡。

從克魯埃（Jean Clouet, 1480～1541）的這幅《法王法蘭索瓦一世》可以看出，為突顯國王的權威，他的服飾是多麼華麗而誇張，膨大的袖子使他看起來偉岸不凡。胸前和袖子上的切縫也應用得很稱職，不僅是「露出」裡面的高級襯衣，而是將襯衣拉出切縫處，整理成縐折狀，有裝飾的效果。《亨利八世》一圖中，國王上衣看起來像小白點的東西，其實也是拉出切縫縫隙的襯衣。

克魯埃《法王法蘭索瓦一世》
巴黎 羅浮宮

布隆及諾（Agnolo Bronzino, 1503～1572）是畫肖像畫的專家，他會如實地將人物的相貌、神情、性格，以及所有的服飾、髮飾……等等細節，描繪得栩栩如生。在畫面中，我們可以看見愛奧薇拉·迪·托萊多這位公爵夫人的華麗服飾，尤其是袖子的設計，完全採用切縫裝飾手法來設計。

布隆及諾
《愛奧薇拉·迪·托萊多和兒子肖像》
約1545年 木版 油彩 115cm×96cm
佛羅倫斯 烏菲茲美術館

克爾阿納赫《赫拉克勒斯與翁法勒》
1537年 畫板 油彩 82×119cm
義大利布藍茲維 赫佐格・安瑞・烏瑞奇博物館

切縫設計的其他應用

　　十六世紀時，切縫裝飾特殊的剪裁手法，也延伸到手套、鞋子的
設計上。我們在朱迪斯畫作中，也可以發現她所戴的皮革手套，也有
這樣的裝飾風格。

　　與當時的其他畫家一樣，克爾阿納赫也很喜歡以當時的時裝作為
創作元素，來詮釋他畫中人物的穿著細節。《赫拉克勒斯與翁法勒》
這幅作品是在描述赫拉克勒斯（Heracles）的神話。仔細看畫面中圍繞
著赫拉克勒斯嬉戲的那三位女子，她們頭上的髮飾，就是切縫裝飾的

克爾阿納赫《薩克森王朝的海因里希虔誠公爵》
1514年 木版、後油畫布 油彩
184.5cm×82.5cm 德勒斯登 國立美術館

最佳應用代表，既表現了女性嬌柔的美感，也讓整幅作品的畫面細節，顯得更細膩多變。

　　左邊那位穿著赭色裙子的女子，與最右邊那位穿著墨綠色衣裳的女子，其泡式切縫裝飾的華麗袖子，充分展現為了手肘關節的活動而留出的切縫空間。而右邊那位穿著金黃色衣裳的女子，從領口開始，就是典型的切縫裝飾的應用設計，這些細節的描繪都是切縫裝飾在當時引領風潮、成為流行時尚的最佳證明。

而上頁穿著全身都有斷裂裝飾服裝的男仕，是薩克森王朝的海因里希虔誠公爵。他是維騰堡（Wittenberg）的領主，也是宮廷畫家克爾阿納赫的老闆，他更是當時熱心推動馬丁·路德（Martin Luther）宗教改革的領導人物之一。維騰堡是一座新興的大學城，也是震撼了整個歐洲的宗教改革的發源地。儘管如此，在文藝復興風潮鼎盛的義大利等國家的眼中，這裡終究是個不入流的德國鄉下城市。因此，像肯尼斯·克拉克（Kenneth Clark）這樣的美術史學家，就公然批評海因里希所穿的流行服飾，是「完全沒有品味」的德國貴族服飾。

　　確實，在海因里希服裝上的切縫裝飾，以令人吃驚的執拗程度，不斷出現在全身的衣服上，加上他身上誇張的金鎖項鍊及肘邊的金屬裝飾等等，品味的確離高雅還有一大段差距。但不管怎麼說，這身服裝正好彙集了以「過剩」為特徵的文藝復興時期的時尚。

　　即使到了現代，人們喜歡穿著昂貴的破舊牛仔褲，甚至為了追求流行，故意將牛仔褲割破好幾處，以露出腿部肌膚的作法，也與切縫裝飾的概念不謀而合。在奢華產業的流行品牌——卡地亞的戒指上，我們也能發現這些流行於十六世紀貴族間，極盡奢華繁複的設計風格的鑿痕。

尼古拉斯・希利亞德
（ Nicholas Hilliard, 1547～1619）
《英國女王伊莉莎白一世肖像》
1575-1576年 畫布 油彩 787cmX610cm
倫敦 國家肖像陳列館

皇室的奢華與尊貴之美

說到英國女王伊莉莎白一世，人們腦海中馬上會浮現出她冷靜的嚴肅形象。挺直的羅馬式鼻子、蒼白的臉頰所帶出的威嚴的神情，以及高聳、華麗卻保守的褶紋領子，和全身鑲滿寶石、刺繡繁複的華麗服裝。她就是帶領英國稱霸世界，成為令世人矚目的文藝復興時期的國家領袖。

她的肖像畫非常多，據說希利亞德（Nicolas Hilliard, 1547～1619）就為女王畫了十五幅肖像畫。這些畫都是1570年以後創作的，當時女王已經年近四十歲，然而畫中（上頁）的她看起來還是這麼美麗。

霍爾班《亨利八世國王》
1534～1536年 畫板、油彩 28cm×20cm
馬德里 提森波那米薩美術館

伊莉莎白一世是英國國王亨利八世與安妮‧博林（Anne Boleyn）所生的女兒。為了繼承王位，她度過了動盪的少女時代，於1558年登上女王的寶座。那是繼義大利等國之後，文藝復興之花在英國盛開的時期。英國教會的確立、重商主義的推進，以及掌握制海權等重大的事件，都是在她統治時期發生的。在她的統治下，英國達到絕對鼎盛的高峰，也迎接文藝復興風潮在文化及藝術上的成就。

這張亨利八世肖像上，袖子處也有許多切縫設計。

個性上，為了君主制的尊嚴及維護女王的威嚴，她做任何事都果斷、堅毅、毫不遲疑，一點都不輸給任何一位男性君主。外表上，她也沿襲君主應有的嚴肅形象。尤其在服裝方面，那又硬又重的線條所組成的倒三角形的上衣令人印象深刻，可顯示她權力的魁梧與巨大。

服裝上的裝飾非常複雜、華麗。黑色絲絨裙子上用金線和珍珠細密拼成的三葉草，組成菱形的圖案。珍珠、黃金、鑽石，以及祖母綠的寶石項鏈，還有胸口上的華麗胸針。漿洗後熨成褶紋的純白色蕾絲袖口和領口，不僅需要大量時間來準備，也需要手藝精巧的工匠細細琢磨。不過我們可以想見，整件衣服會有多重。

此外，從服裝上的切縫處露出的薄麻內衣，比繁複的表面更加複雜，其上的裝飾堪稱過剩的濃密。儘管如此，當時某位貴族在下議院發表演說時依然聲稱：「女王的服裝，實際上與王侯貴族這個天職是

非常相稱的，絕對談不上奢華，也絕對不過分浪費。」

　　同時期兼具華麗與威嚴的國王服飾，也可以從霍爾班的《亨利八世國王》（上頁）的穿著上看出來。英國國王亨利八世是伊莉莎白一世的父親，父女兩人都是宮廷華服的象徵性人物。除了我們之前所討論的切縫設計外，亨利八世的服裝在每一個切縫點上，工匠都為其鑲上昂貴的寶石，這鑲工設計與前襟的扣子、肩飾上的寶石是一致的。金色的美麗絲綢搭配繁複的金色刺繡，毛皮的披巾與黃金鑄造的肩飾，都突顯出亨利八世不凡的氣度。一樣誇張的寬闊肩部設計，讓人震懾於他魁梧的體型與嚴肅的神情。整件衣服雖然沒有伊莉莎白一世的沈重感，但恐怕重量也不輕吧。

　　文藝復興時期的宮廷服裝已經夠奢華、貴氣了，但到了十九世紀，雖然皇室服飾因為材質、設計與審美觀的不同而有些許差別，但一貫的華麗與尊貴有增無減。其中最具代表性的，莫過於自封為皇帝的拿破崙一世，和西班牙國王查理一世。

　　在安格爾（Jean Auguste Dominique Ingres, 1780～1867年）的這張畫中（右頁），坐在半圓形靠背的皇帝寶座上的拿破崙，右手拿著象徵皇帝的權柄，左手持著查理五世的權杖——「正義之手」，和查理曼大帝的寶劍。身披大紅天鵝絨、貂皮襯裡、鑲綴金邊的拖地斗篷，腳踏以雄鷹為主景、四邊裝飾著圓形花飾的地毯，展現無比強大的權力與皇家氣派，望之令人生畏。

　　畫中的拿破崙以其威嚴姿態，給人

安格爾《皇帝寶座上的拿破崙一世》
1806年 畫布、油彩 260cm×163cm
巴黎 軍事博物館

哥雅《查理四世一家》（局部）
1801年 畫布、油彩 280cm╳336cm
馬德里 普拉多美術館

距離遙遠之感，僵硬的蕾絲領口，和頭上由黃金打造的桂冠，襯得他臉色份外蒼白。貂皮與天鵝絨的斗篷，和身上由高級綢緞與蕾絲所製成的衣服，都鑲著大量以金絲線縫製的華麗刺繡，雖不如女王服飾的繁複，但過度的對稱形象，及具拜占廷式的沉穩大方氣度，都震撼著人心。畫中的拿破崙表情冷峻，膚色幾近慘白，坐在寶座上居高臨下氣勢凜然。再者，王者身上穿戴過分雕琢的華麗裝飾，顯得冰冷無情。每個細節都透露出這是位高高在上、不容輕藝的尊貴王者。

西班牙畫家哥雅（Francisco de Goya, 1746～1828）出身於平民家庭，始終以羨慕的眼光注視著貴族，但當他進入貴族社交圈後，很快便看清其中的醜惡，之前對皇室的崇拜，也代之以諷刺。表面上他描繪強者的光輝，但在華麗服裝下則難掩高傲、慌亂，甚至墮落的內在。

《查理四世一家》便是這批肖像畫中的傑作。這幅畫當中畫著十三名王室成員，鬆散凌亂的站成一排，完全失去皇室應有的紀律與威嚴感。畫中人物各個拘謹、無趣，表情漠然、呆滯。女性身上大量的金飾、

畫家小傳

克爾阿納赫（Lucas Cranach, 1472～1553）

克爾阿納赫的一生與政治歷史息息相關，每幅畫作都是歐洲歷史的縮影。鮮少有人知道他的成長過程，只知道他三十歲時已經是個有名的畫家，並創作了代表當時德意志繪畫最前衛的代表作《釘刑圖》。其後曾應邀到大學講課，成為宮廷畫師，這也是他功成名就的轉捩點，中晚年運途順遂，經商致富並曾擔任市長，但其作品在1553年以後便缺乏新意。

珠寶，顯得俗氣而非高貴，國王與皇后身上剪裁不對稱的服裝、國王與王子身上顏色突兀的飾帶，和國王身上太多的徽章，在在凸顯了這個皇室家族的笨拙，缺乏皇室尊嚴的性格。

這是個華麗卻不等於尊貴的皇室，從此在歐洲的歷史上成為笑柄。或許這也是哥雅的高明之處，我很難想像，這樣一幅充滿諷刺與揶揄的肖像畫，為何還能博得國王與皇后的歡心，將它高高掛在皇家的殿堂上？

維洛內些《拉佩·娜尼肖像》
1560年 畫布、油彩 119cm×103cm
巴黎 羅浮宮

貴族服飾的華美設計

除了皇室之外，義大利由於長期處於諸侯分治的狀況下，因此，貴族的排場絕對不如英王或法國國王來得大。不過，在文藝復興時期，義大利還是個強盛的國家。此外，教宗的權力也非常大，他可以支配整個歐洲的教會，甚至影響各個國家的權力分配。但也因為宗教上的約束，教宗的服飾反而不如貴族來得華麗。

一樣處於文藝復興時代的維洛內些（Paolo Veronese, 1528～1588）與布隆及諾（Agnolo Bronzino, 1503～1572），都曾經為當時的公爵夫人、貴族婦女畫過肖像畫，我們也可以比較一下，他們在服飾設計與流行時尚的思維，有何不同。

維洛內些的《拉佩·娜尼肖像》是一幅華麗感十足的經典作品。這幅畫將威尼斯貴婦人的豐姿秀麗與高貴典雅的氣質，表露無遺。拉佩·娜尼身著華麗禮服，她的袖子鑲綴繁複的金絲刺繡，裙子腰線上點綴精

布隆及諾《貴夫人與兒子的肖像》
1540年 畫板、油彩 100cm×76cm
華盛頓 國家畫廊

美打造的黃金家徽，透明白紗上精緻的黃金肩飾，再加上髮際上的珍珠裝飾、珍珠項鍊、寶石手鍊與戒指，可以看出她的家族實力非同小可。

微捲的金髮整齊的攏在腦後，露出她美麗的臉龐，溫柔的眼神、挺直的鼻樑與秀氣的雙唇，都顯示出她擁有的良好家庭教育背景，與豐富的學識涵養，能想見她的丈夫也必定是位學養豐富、見多識廣的貴族。

布隆及諾的《貴夫人與兒子的肖像》（上頁）是他的登峰之作。這幅畫最吸引人的地方是年輕貴婦那股蘊而不露、高傲冷漠的美艷風情。

鮮麗的紅色禮服上有著繁複的設計細節，金色蕾絲的領口與袖口、衣袖上經過改良的切縫裝飾、肩部的縮皺式蓬袖設計，都非常特別。而最能與她高貴衿持的神情呼應的是，她華麗的帽飾與身上貴重的珠寶，尤其是腰鍊的設計，其精緻的工藝手法即便是現在都令人驚豔。

畫中人物自然流露出一股不可一世的驕傲神態，深邃的目光、抖動的鼻翼、顫抖的雙唇，都隱藏著她不可捉摸的心思。不過，從她親密溫柔地撫弄著兒子的手，依稀可以看見嚴肅的外表下，內心深處依然擁有一顆專屬於母親的慈愛之心。

畫家小傳

霍爾班（Hans the Younger Holbein, 1497～1543）

霍爾班是德國畫家，同時也是北歐地區最有成就，也最善於心理刻劃的寫實肖像畫家，他創作的宗教畫也同樣受到矚目。他流傳後世的作品，十分細膩精緻，有等身大小的，也有小型的纖細畫作品。他受邀跨海到英國擔任宮廷畫家後，也為英國皇室留下了許多精彩的作品，目前在溫莎古堡中有八十五幅收藏品。

以低調奢華的絲絨，做出了富有貴族
氣息的設計。
（MaxMara 08AW Show Look）

布隆及諾 《洛多維科・卡波尼肖像》
1550～1555年
畫板 油彩 116.5cm×86cm
紐約 弗里克收藏

巴洛克時期繁複唯美新主張

　　從十五世紀大航海時代以來，歐洲強權開始瘋狂地掠奪海外的殖民地與財富。先是葡萄牙與西班牙自亞洲、美洲帶回來巨大的珍寶與財富，隨後荷蘭、英國與法國也積極向外擴張，建立殖民地。歐洲經濟重心開始由義大利所在的地中海地區，逐漸轉向大西洋周邊的國家。十七世紀初，羅馬雖然依究是歐洲的藝術與文化中心，但到了巴洛克鼎盛時期，歐洲的藝術文化中心，已經開始轉移至法國巴黎。

　　整個十七世紀，歐洲都處於極度擴張的時代氛圍中，土地擴張、掠取財富的政治主張，導致新富階級的興起。他們提倡過奢華的生活，享受財富所帶來的生活享樂，影響所及包括：繪畫、建築、音樂等美學風格，都產生了極大的變化。多元的宗教觀與享樂主義的抬頭，使十七世紀的各種藝術風格，都帶著一種愉悅、華美的感覺。

　　如果說文藝復興意味著平衡、適中、莊重、理性與邏輯；那麼巴洛克就意味著不停的運動、追求新奇、熱中對比、以及各種藝術形式的大膽融合。巴洛克藝藝術一反文藝復興時期的平靜和克制，展現充滿戲劇性、豪華與誇張的特色。就像巴洛克的原文「Baroque」，意思是「變形的珍珠」那樣，完全擺脫了文藝復興的制約，脫離古典的平衡與理性，有如變形的珍珠，產生了不規則的律動與創新，帶來了一股強烈的華麗戲劇風格。

怪誕奢華的巴洛克時尚風

巴洛克風格的極盛時期，是在法國路易十三、十四時期。他們父子兩代，平定了新教徒的叛亂，又先後戰勝荷蘭、西班牙、德國，使法國成為歐洲的新霸主。路易十四在位長達七十二年，興建了豪華無比、美輪美奐的凡爾賽宮。宮廷裡奢華的排場，也影響了法國文化的各個層面，使當時的音樂、建築、繪畫、服裝、禮儀……更趨於「過度繁複」與「過度華麗」。

在太陽王路易十四掌權的時代，法國服飾主導了整個歐洲。巴洛克時代的服裝也因此有了下列幾項特質：充裕揮霍的裝飾、自由而流動的線條、寫實及身體曲線的展示。在男子服裝與外貌上，由之前充滿陽剛之氣，轉而朝向陰柔虛華的形式發展，帶著濃濃的浪漫色彩。而女性服裝，則出現了全新的裙撐架、束腹、臀墊與高跟鞋。

「巴洛克時期」的服飾使用了大量的緞帶、花邊，歷史上沒有一個時期的男人像此時期這樣嫵媚。十七世紀早期，女裝仍流行輪狀的裙撐，後來逐漸地，裙撐在前身部分變得平坦，服裝的整體外形變得平緩、柔和。在衣領的設計上，將領口開得很低，裙子則曳長鬆垂而多褶，比文藝復興時期更加柔和、自然、大方，富有唯美的浪漫氣息，更顯出女性自然的嬌柔。在多層而龐大的裙子上，裝飾著翻飛的五彩花邊和飾帶，讓女性更顯嬌媚可愛。

基本上男裝由襯衣、緊身上衣、夾克、寬鬆短罩褲和及膝的短褲所構成，體現男性對自身的自信。「大男人主義」的豪邁和擴張感，已不需要過去人工製作的襯墊、框架和填充物，衣服的形式變得較為自然。肩部已不見文藝復興時期的橫寬和襯墊效果。領子、袖口和褲角也開始使用大量絲帶和花邊作為裝飾，取代了文藝復興時期由金、銀、珠寶來鑲綴的華麗感。

男士們流行在衣服外面披掛著斗篷來展現帥氣，手套也成為當時的時尚重點。在脖子上繫著柔軟絲綢的「領巾」，上衣袖口出現蕾絲邊的「反褶袖」，褲子仍是以長度剛好過膝的褲型為主。他們喜歡穿著荷蘭式有大翻折的長統靴，或是裝飾著緞帶或人造薔薇花的「高跟鞋」。

除了蕾絲還是蕾絲

被稱為「Ruffle」的荷葉邊褶紋領子，是十七世紀服裝的特徵。這種設計一直到今天，都還是設計師們很難拋棄的設計樣式。這是一種將薄的麻布或絲質蕾絲漿好之後，用熨斗熨成「8」字形的頸部裝飾品，男女都適合佩戴。價格最昂貴的是由蕾絲所製成的荷葉邊，它可以拿來作為頸飾，也可以拿來縫製在袖口上，非常典雅漂亮，深受貴族及富裕人家的喜愛。要整理好這樣的荷葉邊褶紋領子，需要耗費很大的工夫與時間，這費用絕對不是一般平民百姓負擔得起的。

男仕專屬的針織長襪

這在十六世紀，除了誇張的領口設計外，西歐的男性曾經以能擁有美麗的腿部曲線為榮，他們對於修長美腿的愛戀，比現在女性的重視程度，有過之而無不及。

無論上衣穿得麼豪奢華麗，下半身一定要穿著類似現代燈籠褲的短褲和緊身長褲。這幅畫中的年輕貴族公子有著一雙美麗修長的腿，他穿著羊毛製的薄長襪。這種針織長襪據說發源於十五世紀，在十六世紀後半葉的歐洲風行一時。

當時的針織品十分昂貴，但由於它能突出腿部美麗的曲線，人們仍毫不吝惜，對其趨之若鶩。只可惜當時的女性，連腳都不允許露出裙子外面，更不用談穿上這種昂貴的長襪，像男子一樣展現自己的美腿了。

到了巴洛克後期，女性流行在臉上貼上或是點上黑痣，俗稱「美人斑」（Beauty patches），以襯托女人白皙的肌膚。此外，「面罩」與「暖手筒」也成了此時期時尚的代表。此時女性服裝在領子部位，也逐漸揚棄戴「硬挺的皺褶領」，或「高聳硬挺而誇張的領子」，而被平領所取代，一字領更能顯露女性性感的肩頸線條。而蕾絲，依舊是時尚的首選。

▶尼古拉斯・希利亞德《玫瑰花叢中的青年》
約1587年 畫紙 水彩與粉彩 3.5cm×7cm
倫敦 維多莉亞與亞伯特美術館

現代男性依然喜愛帥氣的衣裳，不過
呈現出來的流行感與過去截然不同。
（Gaultier 08SS Show Look）

范戴克《布里尼奧萊‧薩萊公爵夫人及長子的肖像》
1624～1625年 畫布、油彩 189cm×140cm
華盛頓 國家畫廊

范戴克《布里尼奧萊·薩萊公爵夫人肖像》（局部）

范戴克和霍爾班一樣，命中註定要結束一個偉大的藝術文化時代。1543年，隨著霍爾班的逝世，結束了德國的文藝復興運動；大約一百年之後，長達二個光榮世紀的歐洲歷史與藝術，也在1641年，隨著范戴克的辭世而告終。他們兩人都在大約四十歲時長眠於外國的土地上，一個是在亨利八世在位時歿於倫敦；一個則死於查理一世的任內，當時倫敦正陷入如火如荼的內戰當中。

范戴克創作《布里尼奧萊·薩萊公爵夫人及長子的肖像》時正旅居於熱那亞，處於創作顛峰時期。公爵夫人寶拉是個美麗的女子，她坐在高大的扶手椅上，穿著黑色精緻刺繡的禮服，衣服質地的高級昂貴，可以從不同角度的多層次反光中看出端倪。衣領及袖口上誇張華麗的硬挺金色蕾絲，讓她更顯得雍容華貴。

原來大師也講究時效、分層負責

范戴克自1618年開始大量幫人繪製肖像畫，他不但筆法別具一格，對於時間的掌握更是精確而有效率，不論是擺姿勢、打草稿或上色，前後不到一小時，只要他的鐘錶告訴他一小時已到，他就會站起身來一鞠躬，然後讓他的助手來收拾畫具、準備另一塊調色盤……。

他總是大筆勾勒出人像的線條，然後交給其他助手們來繪製衣裳；如此有條理的作畫程序，讓出自范戴克畫室的肖像畫，能夠維持相當整齊的水準，一直到今天都令人讚賞不已。

畫家小傳

范戴克（Van Dyke, 1599～1641年）

范戴克出身於富商家庭，從小學畫，也很快就展露天份，獨當一面。最初以宗教和世俗、歷史為題材作畫，其後轉為繪製肖像畫。初期的畫風受到魯本斯的影響，強調色彩效果與畫中的結構氣魄，因此得以在英國發跡，其後輾轉工作於英法之間，並受封為英國的騎士。但因眷戀家人，他最後回到家鄉從事版畫製作。受到皇室愛戴的范戴克，死後葬在聖保羅大教堂，國王並為他撰寫墓誌銘。

畫面中的公爵夫人有
著美麗的側臉，以珍珠穿綴
而成的頭飾，讓她顯得貴氣
而溫婉，彷彿一座古典雕
像。從另一幅她的半側面肖
像畫中，則可以看見她美麗
溫柔的臉龐。誇張的領口應
該是當時最時尚的服裝設計
之一。公爵夫人緊緊牽著兒
子的手，孩子穿著也十分華
麗，繁複的絲絨刺繡，襯著
精緻的蕾絲裝飾，讓這男孩
顯得成熟。

即便是同行，也都喜
歡找范戴克來為他們繪製肖
像畫。畫肖像畫的首要技
巧，就是要將人物畫得維妙
維肖，這點范戴克可一點都
不馬虎。從人物的表情到服
飾，甚至性格的掌握與背景
的設計安排等等，都必須仔
仔細細地加以規劃、描繪。

▶硬挺蕾絲縫製成的洋裝，充滿復古
的戲劇性。（Jean Paul Gaultier 09SS
Haute Couture）

范戴克《畫家佛蘭斯・史奈德和夫人》
1620～1621年 畫布、油彩 82cm×110cm
卡塞耳，國立藝術館

魯本斯《和伊莎貝拉‧布蘭特在一起的自畫像》
1609～1610年 畫布、油彩
174cm×132cm 慕尼黑 舊畫廊

范戴克有二個畫家朋友都曾經找他畫過肖像畫，一位是畫家佛蘭斯‧史奈德，另一位是畫家馬爾騰‧皮平。

在《畫家佛蘭斯‧史奈德和夫人》這幅肖像畫的主角，是畫家夫妻。人物占滿了畫面，只留下很少的背景空間，兩人的手上下交疊在一起，露出鶼鰈情深的氛圍。他們的衣著樣式嚴肅，卻很闊氣，男士的蕾絲花飾、女士胸前的華麗刺繡及大圓形縐領，雅緻高符貴，顯示出他們對於衣著的講究。披風和衣衫的黑色調深淺相間、錯落有致。

范戴克大量運用中間色和灰色，以沖淡鮮豔色彩的濃度，而在黑色衣衫的處理上，則使用了藍灰的明亮色調，以點出衣衫上的摺痕效果；棕色背景上，則直接使用濃厚的白色繪出外翻的蕾絲衣領和袖口；而飄盪在兩人間的氣氛，甚至滲透到背景中遠方的景致裡；精準描繪的人物表情，則將觀畫的人一起拉進他們的世界。

相似的肖像畫，也可以在魯本斯（Sir Peter Paul Rubens, 1577～1640）的《和伊莎貝拉‧布蘭特在一起的自畫像》中看到。這是魯本斯為了慶祝自己的新婚生活而創作的，他與新婚妻子都穿著十分華麗

的衣服，他精緻的蕾絲領口，與妻子頸子上誇張的大圓形縐領，和范戴克的作品中的服裝描繪相當類似，可見得這應該是當時男性與女性的流行穿著。

史奈德夫婦在服裝上唯一的相似之處，是袖口蕾絲的運用方式，領口部分男裝則顯得比女裝簡潔。我們也可以在《畫家馬爾騰・皮平》肖像中看到另外的一種樣式。垂墜感十足的領口、多層次的蕾絲設計，看起來十分雅致。不過這幅畫最受人肯定的是，范戴克特別注意皮平的臉部線條，透過對表情的描繪，把人物的心理狀態呈現出來，這幅畫的肌肉表情，表現出范戴克成熟的技法。和畫家馬爾騰・皮平的領口設計一樣的服裝，也可以在偉大的畫家林布蘭（Rembrandt Van Ryn, 1606～1669）的作品中看到，例如：《夜巡》和《杜爾普博士的解剖學課》。一樣的黑袍、多層次白色蕾絲領口，顯見這是當時十分流行的男裝款式。

▲范戴克《畫家馬爾騰・皮平》
1634年 畫布、油彩 尺寸不詳
安特衛普，皇家美術館
▼范戴克《尚・德・蒙佛爾肖像》
1628年 畫布、油彩
尺寸與收藏地不詳

　　當然繁複的大圓形縐領也不是女性的專利，另一幅《尚‧德‧蒙佛爾肖像》中，我們也看到了這種領口的設計如何呈現在男裝上。從這幅作品中，可以證明范戴克非凡的才華，他以自然率直的技法，將人物的線條與個性掌握得精確而真實，尤其在大圓形縐領下，那條又粗又長的金鍊子，不僅顯示主角人物的財力與背景，腰際上的那支大鑰匙，更是他權力的象徵。

林布蘭《夜巡》
1642年 畫布、油彩 359cm×435cm
阿姆斯特丹，國立美術館

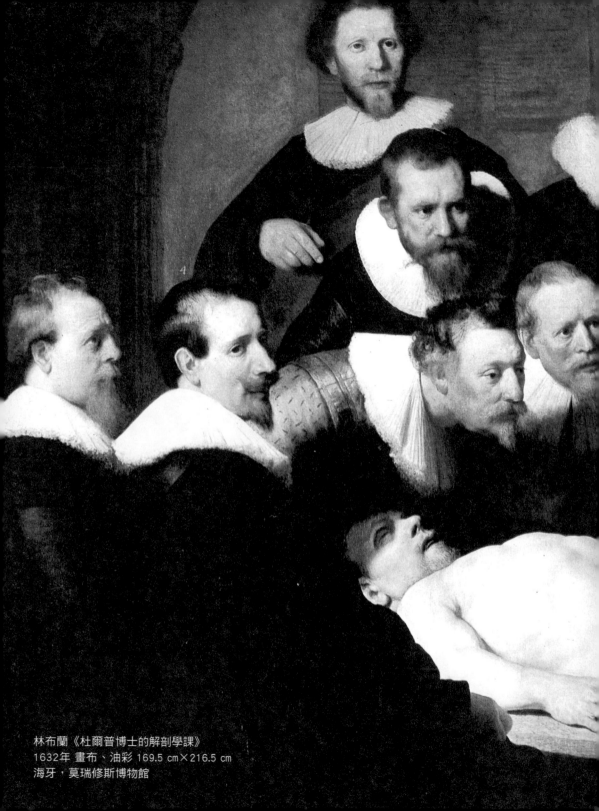

林布蘭《杜爾普博士的解剖學課》
1632年 畫布、油彩 169.5 cm×216.5 cm
海牙，莫瑞修斯博物館

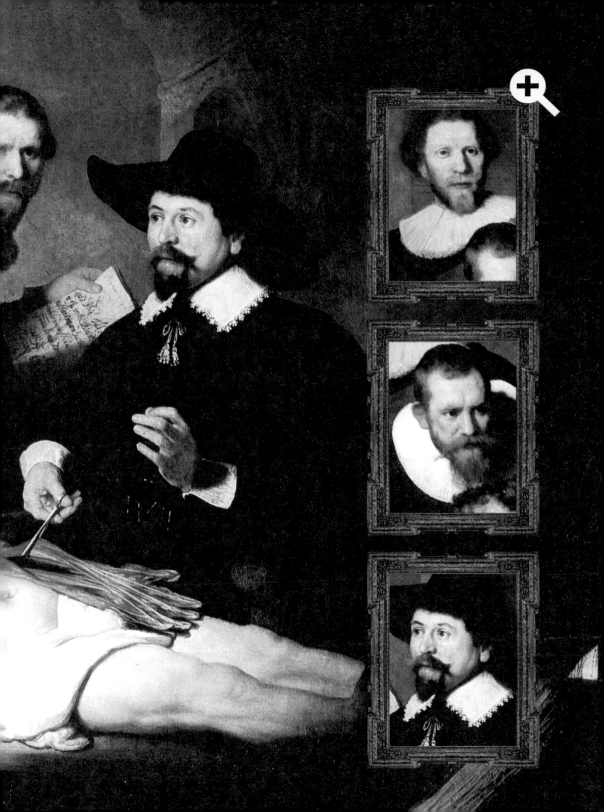

誇張和變形的設計與配飾

　　服裝與人的關係隨著時代、社會的變遷，會呈現出各式各樣，甚至難以想像的風貌。文藝復興和巴洛克時期的服飾，是展現豪華、權威與戲劇性。因此，當時與身體脫節、誇張、變形的設計大行其道。正因如此，當時的設計師並沒有像現代設計師那樣，拘泥於身體的構造，處處受到體型的限制，而是在最大程度上，竭盡所能地發揮其想像力。

　　查理五世是出身於哈布斯堡王朝（Habsburg dynasty），神聖羅馬帝國的皇帝，並且兼任西班牙國王。而繪製這幅畫作的畫家提香，與費拉拉（Ferrara）、曼圖亞（Mantua）和烏爾比諾（Urbino）、羅馬、奧格斯堡（Augsburg）等當時歐洲顯赫的宮廷，都保持著相當密切的來往，是當時歐洲最耀眼的大畫家，極富盛名。

提香《與愛犬在一起的查理五世》
1533年 畫布 油畫 192cm×111cm
馬德里 普拉多美術館

提香與查理五世於1530年在博洛尼亞結識，兩人保持了相當長久的關係。這幅《與愛犬在一起的查理五世》中的查理五世，仍是個年輕的皇帝。普拉多美術館裡，還珍藏著另一幅他四十八歲時的肖像畫《查理五世騎馬圖》。

作品中，我們可以看見查理五世穿著十分誇張的服飾，為了突顯魁梧與威嚴的寬大袖子和毛皮披肩、皺褶衣袖、貼身的短褲，和最具代表性的陽具罩。

陽具套

陽具套是由一種葫蘆瓜製成，依長短而有階級之分。在巴布亞新幾內亞Telefolmin西部的原住民，在男性性器官上套上陽具套，表示曾經接受過成年禮，正式成為部落社會中的成員。

陽具罩內有填充物，它可是那個時代的半身褲裝中非常重要的設計。這種突出男性生殖器的設計，在其他時代都從未出現過。與其如出一轍的，是巴布亞新幾內亞的原住民，他們用一種葫蘆瓜做成的陽具套，依長短作為階級之分。

　　畫面中誇張的衣袖裡層，也都使用了許多填充物，使其膨脹起來，增加衣服的華麗感。這樣的設計當時被稱為「Pourpoint」，是用絲絨、絹織花緞、緞子等豪華的絹織物製作而成。而且，上衣也有當時依然流行的切縫裝飾，在縫隙中露出了純白色的內衣。亞麻製的內衣在當時價格昂貴，是財富與地位的象徵，與其說它是單純的內衣，不如說是設計上的特色。

　　陽具罩固然是一種奢華的象徵，然而帶著自己的寵物，尤其男性帶著狩獵時的獵犬、長劍或者是槍，也是一種身份與地位的彰顯。

　　擺著瀟灑姿勢，穿著領口和袖口有著蕾絲裝飾的銀灰色綢緞夾克，紅色的褲子，從肩胛處斜吊著寶劍，有羽毛裝飾的寬帽，以及靴口處帶

畫家小傳

提香（Tiziano Vecelli Titian, 1488～1576年）

提香是威尼斯文藝復興時期最偉大的巨匠。由於他個人對於大型宗教畫的獨特詮釋及優雅、高超的技法，受到各界的青睞，因而得到神聖羅馬帝國皇帝查理五世，以及西班牙國王菲利普二世的保護，進而贏得屹立不搖的聲名。其代表作有祭壇畫《聖母升天》，這幅畫的雄偉構圖、生動的表現，以及具有動感的形象，成為繪畫史上引領潮流的代表作。

范戴克《查理一世》（局部）
約1730年 畫布 油彩 367cm×292cm
倫敦 國家畫廊

有非常貼合的馬刺靴子，一身行頭非常帥氣。穿在英國國王查理一世身上的每一樣服飾，都是簡潔但優質的代表，流行元素在他的身上看似那麼漫不經心。

繪製了《查理一世狩獵像》這幅肖像畫的，就是誕生於安特衛普的畫家范戴克，當時他是查理一世的宮廷畫家，住在倫敦，曾經繪製許多幅國王的肖像畫。而受過人文教育的國王，是當代藝術的庇護者。

英國人喜愛狩獵，英國國王查理一世（1625～1649年在位）無論是他的姿態還是臉部表情，都充滿了氣度與威嚴。寶劍、馬匹、馬刺顯示了他的尊貴與身份，但有趣的是，他酷愛在耳朵上戴上耳環。如果注意看就會發現，不論是穿著獵裝還是鎧甲，查理一世都帶著大大的巴洛克式的珍珠耳環。

生著一張長臉的國王，絕對不是一位大膽的政治家，更像是一個浪漫而且有幾分神經質的藝術家。另外一幅同樣由范戴克所繪製的，穿硬梆梆鎧甲的查理一世肖像畫裡，包裹在威嚴甲冑下的查理一世，眼神中露出不可思議、充滿和善的溫柔目光，和他耳朵上閃亮的珍珠耳環相互輝映。

這樣一位充滿矛盾性格的國王，即位時正值前一個時代積累下來、即將崩解的政治風暴，從歷史的角度來說，他的確是一位很不幸的國王。身為一位政治家，他絕對稱不上聰明與魄力，在位時他便時

范戴克《查理一世狩獵像》
約1635年 畫布 油彩 272cm×212cm
巴黎 羅浮宮美術館

常和議會發生衝突，最後，議會挾著人民的名義，將他當作「暴君、叛逆者、劊子手、人民公敵」，在倫敦遭到處決。

　　生在皇室家庭當中，即便是小小年紀，也能展現他應有的威儀。西班牙王子卡洛斯小小年紀就學會使用槍枝狩獵，他身穿帶有馬刺的皮靴，皮手套握著幾乎超過他半個人身高的長槍，帶著獵犬，雖一臉稚氣，但眼神卻露出聰明、機靈、堅定的神色。另一幅《費南多樞機主教狩獵圖》，身上穿的雖不是昂貴的華服，但看起來和卡洛斯王子的那幅，在佈局上幾乎一模一樣，一樣身穿帶有馬刺的皮靴，帶著皮手套，握著長槍，帶著獵犬。這兩幅圖背景相似，一樣的創作年份，可想見畫家委拉斯蓋茲的工作量有多沈重了。

▲委拉斯蓋茲 《卡洛斯王子狩獵圖》
1635年 畫布 油彩 191cm×103cm
馬德里 普拉多美術館
▼委拉斯蓋茲《費南多樞機主教狩獵圖》
1635年 畫布 油彩 191cm×107cm
馬德里 普拉多美術館

巴洛克時期繁複唯美新主張

053

雷姆塞《雷姆塞夫人的肖像》
1754～55年 畫布 油彩 76.2cm×63.5cm
愛丁堡 蘇格蘭國家畫廊

甜蜜浪漫的洛可可風潮

　　十八世紀的歐洲，普遍瀰漫著一股急欲掙脫束縛的躁動，人們既崇尚理性、又嚮往自由瀟灑的心靈解脫，讓巴洛克時期華麗尊榮、誇張宏偉的文化觀開始轉向。

　　自啟蒙運動以來，社會上掀起一波波人文精神、科學態度、理性主義、自由平等的新思維。知識分子站在理性思考的角度，讓批判過去成為一種學說，開始重視智慧的啟迪，尋求自由探索，反對專制主義，同時質疑起宗教的思想箝制。而最重要的發展，就是理性主義成為思想及文化的主流。表達方式開始簡易化、明朗化、理性化，這樣的思潮也逐步成為西方思想家的哲學信念。

　　當時，法國國內歷經長年征戰，國庫空虛，更糟的是，路易十四沉溺於自己的政治野心，將法國皇室貴族權利緊縮，皇室圈內酣醉於享樂及物慾。貴族階級開始衰落，資產階級財富普遍增加，中產階級政治和文化需求更趨強烈。由於人民對王室的不滿情緒加劇，對歌頌王室貴族的巴洛克藝術更失去了興趣，藝術家轉而研究自然科學以及傾向世俗畫的繪製，市井小民也得以享受擁有自己的肖像畫的樂趣。哲學家也從過去預設上帝存在的普世價值中，轉變為依據實驗和微觀的思想態度來推論世間萬象，剔除神學思維。於是，在藝術的表達上，洛可可時代翩然降臨。

現代設計中的人造花，以貂毛製成，外觀仍是
一樣的浪漫，充滿洛可可式的韻味。
（FENDI 2009春夏系列）

洛可可時期的繪畫作品雖然傾向奢華、逸樂，但卻因為拋開了權威與道德的鎖鏈與使命感的束縛，一切創作皆從唯心出發，真確地表現人類不受捆縛的自然情感，對「人」的精神內涵徹底覺醒。相較於過去十七世紀巴洛克的莊嚴宏偉、神秘華麗，十八世紀的洛可可藝術風格則走向纖細精美、優雅飄逸、清淡甜美。理性、優雅、輕巧、清晰、活潑、井然有序的材料與線條等特質，巧妙地貫穿各種藝術的主題。

洛可可藝術風格

洛可可原意為渦形裝飾和貝殼狀的圖案，孕育於巴洛克時代晚期，開始於法皇路易十五的時代。它存在的時間並不長，其藝術特色雖然承接了巴洛克時期繁瑣、矯揉造作的元素，但更為輕巧柔美、典雅高尚。藝術風格徹底現實化，畫家們樂於去尋求個人的快樂，有別於巴洛克藝術為了呈現君王權威而顯得沉重的寫實風格。洛可可藝術涵蓋繪畫、建築、音樂與文學，強調輕巧、華麗、甜美、精緻、優雅的裝飾性和不對稱的設計。常以C形、S形的造型來呈現女性的軀體、樹木的扭動，曲線饒富趣味。用色多為輕金、粉銀、配以天堂般的藍色，畫面柔和唯美。

唯美浪漫的洛可可時尚

人們經常用「啟蒙時代」來稱呼十八世紀，但象徵啟蒙時代的理性主義，似乎在時尚流行這方面並沒有發揮它的影響力。從1730年到1780年間，

盛行於法國的藝術與建築，是極力反對凡爾賽宮裡的繁文縟節與奢華富麗，而產生的一種舒適、愜意、輕鬆過生活的浪漫休閒風潮。這種生活方式被後人統稱為「洛可可」。

洛可可時期產生了全新的審美意識，這並不是在否定傳統藝術與文化，而是更重視實際生活的感官享受，沒有人會認為恢宏壯闊的歷史畫，要比華鐸小巧精緻的遊樂畫，或夏丹（J. B. S. Chardin）的唯美靜物畫遜色。

洛可可文化貫穿了從太陽王路易十四世駕崩（1715年），直到法國大革命（1789年）爆發之際，幾乎整個十八世紀的歐洲。法國依然扮演著左右歐洲時尚潮流的關鍵角色。這個時期的人們，為了追求個人、家庭生活的幸福而不斷地努力創新，加上當時人們對於「自由、博愛、平等」的信仰，上層社會與一般平民家庭的喜好界線被刻意地模糊了。當上流社會以雅緻的家具、瓷器，精美的服裝、飾品來妝點生活時，平民階層也以追求閒適、優雅的快樂生活，以及更美麗的裝飾品來滿足自己。為了追求「生活的喜悅」，與個人息息相關的服裝、飾品、家具……等等精緻工藝的創作紛紛出籠。這些生活中的種種細節，成為大家關注的焦點，在人們的內心深處，熱愛有暖氣的舒適小屋勝過壯麗的宮殿，新的價值觀與審美觀於焉誕生。

華鐸（Jean Antoine Watteau, 1684～1721）、布雪（François Boucher, 1703～1770）、根茲巴羅（Thomas Gainsborough, 1727～1788）、福拉哥納爾（Jean-Honore Fragonard, 1732～1806）、雷諾茲（Joshua Reynolds, 1723～1792）、康斯塔伯（John Constable, 1776～1837）……等繪畫大師們，出於對洛可可式纖細精緻物品的喜愛，而將它們當成創作的主題。華鐸、布雪、根茲巴羅、福拉哥納爾所描繪

結婚禮服

洛可可時期的男女服飾，男性漸漸朝著簡潔、合身的方向改變；而女性則依然朝繁複、華麗的方向前進。就以這幅《結婚禮服》來說，被誇張地撐大的裙襬，大量的裝飾著緞帶與人造玫瑰花，這同時也是路易十六時期法國女裝的特色。新郎與新娘都帶著假髮，女性的假髮髻高高攏起，上面裝飾著寶石與羽毛。

休閒服

在洛可可時期，女性還是穿著極不舒服的束腹與笨重的撐架。束腹是為了凸顯女性的腰部線條，而撐架則是為了支撐大蓬裙。畫面中的這件衣服是英國式的散步休閒服，因此較無繁複的裝飾，但這種儉樸的設計卻沒有出現在帽子上——雖然只是出去散步，帽子上的裝飾還是非常多。為了要讓撐架上的裙子看起來更漂亮，因此設計了許多的皺褶，腰間上繫著藍色的絲綢腰帶，讓這位時髦的女性帶著些許隨意灑脫的風情。在洛可可時期的女性，大多會選擇在正式的場合中盛裝穿著法國式的服飾，而在平常的休閒時光，則穿著輕鬆舒適的英國式服裝。

的上層社會的優雅生活；夏丹、康斯塔伯所描繪的中層社會的家居、田園生活；以及由霍加斯所描寫的庶民文化，輕挑、粗鄙的生活荒謬劇，無不是在追求能展現各個文化層面的精緻與愉悅感。

女性主義思維開始萌芽

而這個時代也是女性們以其天生的感性、溫柔做為武器，來征服男性威權社會的濫觴，像龐巴杜夫人那樣，活躍於政治、藝術、文學等領域。這是一個積極面對生活的時代，影響了整個歐洲在文學、哲學、藝術、音樂創作等等各種領域，而女權勢力在洛可可時期也慢慢地醞釀萌芽，終於在十九世紀初，開花結果。

百科全書的編纂者狄德羅（Denis Diderot）批評布雪的作品是：「優雅、諂媚、空想、賣弄風騷、安逸、變化、淫亂，與充滿脂粉的肌膚顏色混為一體」。但是他的批評恰恰指出了洛可可文化所追求的「生活喜悅」的時代，充滿活力與工藝巧匠時代的精髓所在。

閨房內的閒逸、庭院裡上演的愛的小伎倆，這些畫面都是畫家們所喜愛的。憑藉其嫻熟的繪畫技巧，畫家們鉅細靡遺地描繪畫中人的裝扮與室內細節，散發著柔和光芒的珍珠、光輝燦爛的綢緞、搖曳閃耀的窗簾、美不勝數的華麗裝飾、撒著白色粉末的假髮、室內裝飾、背景的傢俱和物件，這些物品本身已經是表現人類精巧手工藝品的極致創作了。

當時女性的服裝設計極盡奢華之能事，精美的絹織服裝、蕾絲和珠寶飾品、過多的蝴蝶結、飾帶、蓬裙，都為了要展現女性的柔美。這些物品被原原本本畫進畫中，既有出自著名建築家、雕刻家、畫家等人之手，也有出自蕾絲藝人、製鞋藝人等優秀的無名藝術家之手。畫家將它們一一匯總，納入畫面中，更增添了這些精美物件的獨特魅力。

布雪《龐巴杜夫人肖像》
1756年 畫布 油彩 201cm×157cm
慕尼黑 舊繪畫陳列館（Alte Pinakothek）

這些新奇的審美觀和對田園生活的憧憬，也使厭倦了凡爾賽宮中社交生活的路易十六的王妃瑪麗・安東奈在宮中修建了一座田園風格的小宮殿。在那裡，她穿著看似棉質內衣的裙子，享受著裝扮成牧羊女的新鮮感與恬淡樂趣。當時她的裁縫師伯汀夫人，堪稱是法國的「第一裁縫師」，她的話被當時的人們視為流行的聖旨。

終於，法國大革命爆發了。一舉收拾了當時混亂局面的，則是貝多芬原本心目中的英雄拿破崙・波拿巴。

無懈可擊的優雅

十八世紀的法國，出現在肖像畫裡最多的人物，當屬著名的美男子路易十五世、路易十六世的王妃瑪麗與龐巴杜夫人。與日夜戰爭不斷的上個世紀不同的是，這是個和平而且經濟蓬勃發展的年代，豐富的生活情趣讓洛可可文化呈現出優美、凝練、精緻優雅的貴族氣質。

龐巴杜夫人是國王路易十五世公開的情人，是當時最具人氣而

且美艷逼人的女性，布雪、納迪埃（Nattier）、范・盧（Van Loo）、拉突爾（Quentin de la Tour）等當時著名的畫家，都曾經為她繪製過多幅肖像畫。而龐巴杜夫人最鍾愛的，卻是畫家布雪所繪製的這幅肖像畫。

當時布雪不僅是宮廷畫家、雕刻家，在室內裝飾、服裝設計方面造詣也極高，在當時的宮廷與貴族階層中擁有超高人氣。在這幅作品中，龐巴杜夫

人穿著洛可可文化中最優雅貴氣的服裝與配飾，神態從容，整個畫面幾乎達到無懈可擊的完美。正如服飾史學家漢森（Hansen）所說的，此作品證明了：「服飾可以將人變成精美的藝術品」。

　　龐巴杜夫人穿著前面開襟的綠色禮服與裙子，胸前有繁複的打褶。這種禮服是十八世紀法國女性非常喜愛的代表性服裝。這件禮服在胸前、袖口及頸飾，運用了繁複的多層次蝴蝶結，人造花和蕾絲，完美的妝點著整件衣服，據說她身上的昂貴蕾絲，價格相當於一般高級禮服的兩倍。此外，龐巴杜夫人還佩戴精緻的珍珠手鐲、胸針，整體造型幾近完美，我想當時布雪應該給了龐巴杜夫人許多個人的專業建議。

將黑色蕾絲在胸前做多層次設計，創造豐盛的立體感。
（FENDI 2009春夏系列）

如同龐巴杜夫人引以為豪的珍珠般肌膚所散發出的光澤感一樣，這些為數眾多的裝飾品，也都有其不同的高雅質感。龐巴杜夫人非常喜歡玫瑰花，這幅畫裡的裙子上至少有一百朵以上的玫瑰花，纖細的手工蕾絲、蝴蝶結、珍珠、人造花，將她妝點得貴氣逼人。

　　當時手工製作的蕾絲甚至比寶石還要昂貴，是服裝的點睛之筆。產地不同，蕾絲的品質也不一樣，從蕾絲的針眼處可以區分得出來。因此畫家必需描繪得非常細緻，才能如時呈現畫中主角的身份與地位。此外，製作裙子的祖母綠絲綢，光彩奪目，寬大的蓬裙和精巧的高跟鞋，展現出女性的嬌媚風情。

　　布雪的繪畫是準確而生動的，在一般人看來過多的裝飾，在整個搭配的場景佈局中，卻顯得並不過於繁雜。它們與背景中的天使鐘、雕花銅柱、織錦靠墊、線條優雅的邊桌、裝飾著龐巴杜侯爵家徽的書架等家居裝飾，所完美展現的洛可可風格高尚品味，讓人覺得非常協調且氣質出眾。

畫家小傳

布雪（François Boucher, 1703～1770）

是法國著名的洛可可風格的代表畫家。出生在巴黎，1723年獲得羅馬大獎，赴義大利留學，受到提也波洛的影響極深。除了繪畫外，還是個優秀的裝潢大師，尤其在牆面的裝飾方面相當具有才華，以裝飾凡爾賽宮的「王妃廳」而名噪一時，尤其受到路易十五世的王妃瑪麗‧蕾克桑斯卡，和龐巴杜夫人的庇護。其作品多以神話、牧歌、風俗等為主，也留下不少壁畫和壁毯織錦畫的畫稿等。

華鐸《店鋪招牌》1720年 畫布 油彩 163cm×306cm 柏林 夏洛藤堡宮

　　龐巴杜夫人是一位熱愛讀書的人，她死後的財產清單裡既有數量眾多的寶石衣飾，也有同樣多達三千五百二十五冊的藏書。而且，從這些書上都可以看出經常閱讀的痕跡，有趣的是這些書並非女性喜歡閱讀的故事書或小說，而是詩歌、哲學、歷史、傳記、語法等類型的書籍。畫面中夫人柔軟的右手握著一本剛準備開始讀的書，胸口和袖口處同樣是粉色蝴蝶結的多層裝飾，左右一對的手鐲是用五圈連在一起的珍珠做成的，裙子的邊緣則是加入鉑金的蕾絲。畫家將各種不同材質的飾品所表現出來的鮮豔度和張力，完美地描繪了出來。世人認為她之所以擁有能

夠支配皇權的力量，與其說是因為她的美貌，還不如說是因為她豐富的文學素養和無人能及的藝術審美觀。

1720年路易十四世國王去世的第五年，在巴黎聖母院大橋上開了一家新的畫廊，這幅由華鐸所畫的作品，就是這家畫廊的招牌。它只被使用了十五天左右，但卻吸引了很多人的目光。當時的文化風尚，正從巴洛克時期轉向洛可可時代。

十八世紀，富裕的市民階層正式登上社會舞臺，成為主導經濟與文化發展的堅實推手。當時，繪畫是家庭中的必

畫家小傳

華鐸（T‧A‧Watteau，1684～1721年）

出生於法國的瓦朗榭納（Valenciennes）。在家鄉學習繪畫，十八歲時到巴黎開始從事設計歌劇院的布景、傢俱與服裝等工作。他最具獨創性的主題，是隱含著享樂、善變的風俗畫。作品《發舟西苔島》使他成為真正的學院會員。他的私生活十分低調，不太為人所知，只知道他獨自一人，患有肺結核，並輾轉生活於多個朋友處，居無定所。

康斯塔伯《安德魯斯夫婦》1748年 帆布 油彩70cm×11905cm 倫敦 國家畫廊

備裝飾,畫作通常都擺放在畫廊裡銷售。這類巴黎市民所喜愛的作品風格,絕對不是那些高格調的歷史畫和肖像畫,而是格調普通,被認為低一層次,與日常生活更加貼近的風俗畫和靜物畫。當時,支持畫家華鐸的,並不是凡爾賽宮裡的那些王公貴族,而是這些有錢的上流市民。

在上頁這幅生動描繪畫商開辦畫廊情景的《店舖招牌》裡,可以看到在畫面左側一張肖像畫正要被收進木箱裡,而這張畫的主角正是法國國王路易十四。他統治了法國七十二年,晚年時戰爭不斷,因此,他死時眾多的法國人都發出了歡呼聲。

《店舖招牌》畫面中的畫廊有很多幅畫,也聚集著很多人。其中,

畫面左側有一位面朝畫面裡側，彷彿正在監督著店員把畫收進木箱裡的女性。她身著寬鬆的裙子，背部呈現出兩道明顯的褶皺。裙褶柔和下垂著，一直延伸到地面上，露出她的高跟鞋。從衣料散發出來的粉色珍珠般的光芒來看，這件衣服的材質有可能是綢緞，而且可能是在當時歐洲首屈一指的絹織物產地里昂，所生產的高級製品。而坐在畫面右側，側著頭的女性，她的衣服材質也散發著同樣的光澤，雖然我們看不清楚太多的設計細節，但從這幅屬於庶民生活的作品中，可以理解當時有錢的平民百姓，也能追求屬於他們的優質生活品味。

英倫休閒風崛起

相對於時尚中心的法國，英國重視的則是休閒的風尚。英格蘭東部，康斯塔伯故鄉的田園風光廣闊無邊。這一帶的仕紳名流——安德魯斯先生與其新婚妻子，正準備出門打獵去。

像這樣，能在鄉下自己的領地上，享受怡然自得的田園生活，正是英國貴族們最愜意的生活方式。因此，與法國式裝飾過度的豪華宮廷服裝完全不同的實用性休閒服，非常流行。十九世紀以後，雖然英國引領了紳士服裝的新潮流，但其實在十八世紀，英國的流行時尚，也已遠播法國。

鹿皮或羚羊皮製成的夾克，的確是男性狩獵裝的經典裝扮。十八世紀男性的一般服裝，是黑色綢緞的馬褲、白色絹襪、黑色靴子。畫中的羅伯特稍稍歪戴著黑色的三角帽子，抱著獵槍，手裡拿著鹿皮手套。

年輕妻子所穿的蓬裙似乎能把整張椅子蓋住。這件天藍色的綢緞衣

下午茶女裝

喝下午茶的風氣是從英國傳入歐洲大陸的，畫面中的這位貴婦拿著杯子喝茶的姿態，是完全的英國式風格。雖然這件衣服在胸口及袖口還是有滾邊的裝飾，但整件衣服基本上是以素色的布料縫製而成，裝飾物極少，完全吻合英國風的自然主義新主張，這種衣服在洛可可末期非常流行。

服是典型的洛可可風格，誇張的撐架將裙子高高撐起。不過與法國的女性相比，這件衣服更加休閒、簡約，也少了繁複的裝飾在上面。

　　左右延展出來的裙子，在十八世紀八〇年代的法國宮廷一度非常流行，這種裙子需要使用一種貌似鳥籠的內衣。由於這種衣服的橫向面積很大，會佔據好幾個人的位置，因此，宮廷中的女性常常在座位的安排順序上，出現很多麻煩。但是在坐馬車或者轎子時，這種裙子則可以輕鬆地折疊起來。此外，法蘭西絲頭上戴的平平的帽子，在當時社會上的各個階層，不論貴族或平民，都是十分流行的飾物，女性戴帽子的習慣，也是從英國傳到法國的。

　　天藍色的裙子與粉紅色高跟拖鞋的搭配，正吻合了洛可可時代所喜愛的柔和粉色系的搭配法。

畫家小傳

康斯塔伯（John Constable, 1776～1837）

康斯塔伯是十九世紀最偉大的風景畫家之一，1776年生於英格蘭的索夫克，故鄉的樹木、雲彩、水渠總是他作畫時最深的迷戀。從1799年到1829年，康斯塔伯花了近三十年的時間，才從美術院的學生成為美術院的成員。若將其繪畫比擬成文學作品，康斯塔伯的作品如同田園派小品，恬淡雋永，怡然中見深意。1837年因心臟病發突然去世，享年六十二歲，為後人留下了八百幅的肖像畫，與兩百多幅精彩的的風景畫。

情人們的秘密花園

　　玩樂、嬉鬧、談情說愛、輕薄、不道德，甚至有些猥褻的行為，在洛可可時期的觀念裡，似乎是再自然不過的事情了。女性憑藉著與生俱來的感性、嫵媚、溫柔，讓洛可可時代異常活躍於社交圈的女性們，生活得非常自在逍遙。

　　如果從十九世紀以溫婉的賢妻良母為女性理想典型的角度來看，這種輕浮的行為一定會受到嚴厲批判。但在十八世紀的繪畫中，我們卻看見了許多人性化和官能性的畫面。當時，快樂並沒有什麼不對，戀愛就像互相追逐的遊戲，情慾是人性的需求，不需要有絲毫罪惡感。

　　因此，在洛可可時期的繪畫中，可見女性在專用起居間裡換裝、穿著內衣走來走去、在女僕的服侍下洗澡的裸體女主人、在庭院裡幽會的男女，以及正注視著此情此景的配偶或戀人、癡情仰望著鞦韆上心愛女人的男子等等，在謹言慎行的時代被認為是不符合社會規範的

福拉哥納爾 《鞦韆》
約1767年 畫布 油彩 81cm×65cm
倫敦 華萊士收藏中心

主題，都一一出現在大眾眼前。而這個時代女性的穿著，極盡輕鬆、飄逸、雅緻，其中最能表現這個時代流行風尚的畫家，莫過於福拉哥納爾與根茲巴羅。

福拉哥納爾的《鞦韆》這幅作品，無論在服裝與社會道德風氣上，都最能代表洛可可時代的真實情境。鬱鬱蔥蔥的森林形成了一個隱密的空間。畫面裡一共有三個人：盪著鞦韆的女人、從下面深情仰望的男子，以及推動鞦韆的另一個男人。畫面左邊有一座邱比特雕像，它把食指放在嘴邊做出「噓——小聲點」的動作，似乎正在叫觀畫的人，千萬不要錯過這個可以窺探情欲場景的機會。

這幅畫是應一位叫做聖・朱利安男爵的要求而繪製的。男爵要求福拉哥納爾：「請繪製一幅女性坐在由牧師推動的鞦韆上，而我自己則處在比較隱蔽的地方的畫作。」這名女性實際上是男爵的情人，而牧師這個角色，是杜撰出來的，其實是在暗諷這名女性的丈夫。福拉哥納爾出色地將這段既祕密又危險的關係，放置到十八世紀開放的情欲中，既要符合買主的要求，又要呈現危險愛情關係的高度刺激感。

高高盪起的鞦韆從大樹的枝枒上垂下來，粉紅色的裙子隨風飄揚，捲起的裙襬，露出了白色的襯裙，平時不讓男性看到的白色長襪和粉紅色吊襪帶，甚至大腿都暴露在下方男子的眼前。盪著鞦韆的女子，精緻美麗的高跟拖鞋，因為擺盪的關係高高地飛到了空中。從這個享樂時代的角度思考，男女的調情

雖不過份，但再加上戴綠帽的丈夫在一旁觀看並推波助瀾，或許在當時那樣的時代可能真的存在，但在今天看來卻是那麼不合情理。

從茂盛的玫瑰花叢中仰望著女人敞開裙襬的男人，他的臉上明顯的充滿著愉悅、讚嘆的表情，或許當時並沒有相當於現代人底褲的那種內衣，通常女人在發現被男人偷窺時，都會大吃一驚，或者露出慌張羞怯的神色。但這幅畫中女性的反應，卻不是這些神情中的任何一種。她的眼神說明了，她清楚的知道她的情人和丈夫都在看著她。

注視著這個正在發展中的危險關係的森林和風，似乎也在為這一幕擔任配樂，發出了沙沙的聲響，是同意，還是也很不以為然呢？

福拉哥納爾在成為路易十五最著名的情婦龐巴度夫人喜愛的畫師之後，便為她設計扇子和拖鞋，還製作一些大

契卡西亞式女裝

型的裝飾品。而79頁那幅無憂無慮、隱喻色情的畫作——《瞎子摸象的遊戲》，則是當時他畫室中的代表作品。這幅畫從風格上看來，突顯了歡樂的氣氛和明顯的戲劇性成分，像是他的老師布雪作品的出色翻版。

躺在地上的小娃兒，和年輕女子玩起瞎子摸象的遊戲，細緻豐滿的體態、櫻桃小口和帶著酒窩的下巴，加上明亮的粉色肌膚，讓她看起來像是個純潔的搪瓷娃娃，明顯地突出於柔和的藍綠色背景中。而刻意修造、行將傾圮的農舍，和長滿苔蘚的樹木，組成畫中的穹頂，成為前景中人物的活動框架。背景可以肯定是布雪畫室中的場景，這是許多洛可可藝術中的典型作法。

當時流行的這種雙層的裙子，稱為「契卡西亞式女裝」。裙擺共分二層，外層的裙擺在臀部周圍懸吊起來，創造出一種輕快的韻律感。也因為這種型式的裙子大行其道，因此，布商們大量的研製更輕薄的衣料，為這種樣式提供更多樣的設計可能。

另一種改良式的「新型契卡西亞式女裝」，則是讓臀部後方與腹部前方吊起裙擺，讓寬大的裙擺造型像個蝴蝶結般。這種更加輕巧的設計，大多使用義大利製的紗羅織品，服裝師可在裙擺的垂襬上裝飾各種飾物，創造絢爛與豪奢的優雅氣質，是當時極受女士歡迎的服裝樣式。

福拉哥納爾《瞎子摸象的遊戲》
1748～1752年　畫布　油彩 114cm×90cm
美國俄亥俄州　托利多美術館

哥雅《瑪麗亞娜‧龐帝荷斯》
1786年 畫布 油彩 211cm×126cm
華盛頓 國家美術館

▲新型契卡西亞式女裝

▼與「契卡西亞式女裝」具備同樣
的精神,以多層次的裙擺,寬版的
腰帶,創造走動時輕盈的韻律感,
並強化腰部曲線。(FENDI 2009 春
夏系列)

福拉哥納爾《為情人戴花冠》
1771年 畫布 油彩 318cm×243cm
紐約，弗利克美術館

1771年前後，福拉哥納爾為路維希安堡的新樓閣畫了四幅油畫，《為情人戴花冠》是最後一幅。巴利伯爵夫人是老邁的路易十五的新情人，這個「追求愛情」的題材也許是巴利夫人的建議。可是到了最後，這些畫並沒有掛出來，而在1773年被退回給福拉哥納爾。

巴利伯爵夫人退畫的確切原因至今無法確定，但不管是因為什麼原因，福拉哥納爾為此感到心力交瘁，他拒絕了高達一萬八千鎊的鉅額賠償，並將油畫束諸高閣。然而這些畫因其精緻的風格，公認是福拉哥納爾最好的作品。它們極度精緻，與其他作品恰好形成鮮明的對比。由於這四幅畫是裝飾畫，快速的技巧就顯得不太合適。福拉哥納爾為這四幅畫費心費力、細細描繪，技巧之精緻美麗，堪稱其創作中的極品。

畫家小傳

福拉哥納爾（Jean Honor Fragonard ,1732～1806）

福拉哥納爾出生於法國南部的香水之鄉，早年師從夏丹和布雪，形成他喜愛刺激、感官的獨特藝術風格，並精於描繪女性玲瓏的姿態曲線。1752年得到羅馬大獎，從1756年開始的五年間，他一直生活在羅馬，受到提也波洛作品的影響極深。

曾擔任皇室的畫家與學院院士，是十八世紀法國最具代表性的洛可可畫家。他的風格多變，絕少在作品上留名，故無法明確得知其風格的發展與脈絡。他以歷史畫揚名，其後轉向以充滿活力和自由、官能性為主題的遊樂畫，大受歡迎。他所描繪出的優雅、華麗的世界，充滿了洛可可時期的精神內涵。晚年時因繪畫風格不合時尚而逐漸沒落，1806年死於巴黎。

根茲巴羅《伯爵夫人瑪莉・豪》
1765年 畫布 油彩 244cm×150cm
倫敦，肯伍德宮

《為情人戴花冠》這幅畫中，融入了愛情遊戲歡樂場面的情人們，在他們身後綠蔭的巨樹掩映下，顯得嬌小、溫馨而甜蜜。而畫中人物的調情營造出甜蜜的愛情氛圍，女子服裝上的玫瑰花飾品、由玫瑰花編織的花環，與花園中滿園怒放的玫瑰花叢，好似置放在女子身旁的七弦琴，正在為這段愛情謳歌，而右下角正在作畫的畫家，則為這對男女的愛情故事留下最佳見證。

輕薄蕾絲營造溫柔婉約的女性特質

《伯爵夫人瑪莉‧豪》這幅畫作，是根茲巴羅定居巴斯時所完成的，在此處根茲巴羅獲得意想不到的功名利祿。

巴斯是英國當時最時興的療養城市，富豪名流之輩雲集於此。根茲巴羅來到這樣的環境中，為了名利雙收，便開始改變他的創作風格。當時根茲巴羅為達官貴人或顯要人物創作肖像畫時，習慣加上一些具有暗示性或象徵意義的道具，並且著重於華美服飾的描繪，藉以展現畫中人物身分的高貴。

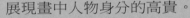

在《伯爵夫人瑪莉‧豪》一畫中，根茲巴羅以他擅長的風景畫為背景，但此處的風景與他早期繪畫中的真實田野風光迥然不同，是帶有田園牧歌意味的朦朧風景。霧靄迷濛、明滅閃爍，樹木山崗既是實景，也是虛描。

除了風景畫之外，根茲巴羅對華美服裝的描繪也相當熱中。畫中瑪莉‧豪伯爵夫人身著粉紅色禮服，裙擺的皺褶

與光影細膩巧緻，裙子上的白色蕾絲輕薄透明，華麗袖口的層疊垂墜十分自然，大盤帽以及層層纏繞在衣領上的珍珠領，更顯出瑪莉·豪伯爵夫人優雅、迷人、高貴的特質。精緻的刺繡蕾絲裝飾在寬大的袖口、帽子、衣服的前襟上，既雅緻又高貴。在華麗燦爛的服飾之外，畫中人物以兼具不卑不亢與略帶憂鬱的高雅態度、自信神情，及聰慧高貴的形象出現在觀賞者的面前。

這種以昂貴的蕾絲層層疊疊的裝飾在寬袖口上的設計，在當時的英國上流社會十分流行。根茲巴羅的另一幅畫作《清晨漫步》中，我們也看到了同樣的設計手法。

《清晨漫步》這幅畫是根茲巴羅最著名的肖像畫之一，畫中人物是貴族威廉·哈利特及其夫人伊麗莎白。伊麗莎白穿著薄霧似的衣裙，苗條的身軀幾乎包裹在優雅的蕾絲布料中，帽子上的羽毛裝飾和夫婦頭上粉粧過的假髮，襯著身旁的白毛小狗，使整張畫作呈現出一種在清晨的薄霧中散步的朦朧氣氛。

從這幅作品中，我們明確地看見了洛可可時期男裝與女裝的流行風格。男裝趨向簡潔、合身；而女裝堅持一貫的繁複、優雅，比起上一個世紀，女裝多了飄逸與溫柔的特質。

相對於寬大、繁複的多層次蕾絲袖口的設計，衣袖的設計在洛可可時期是十分多樣的。根茲巴羅在十八世紀六〇年代末期，經常在倫敦皇家美術院展出作品，《令人尊敬的格雷厄姆夫人》是其中的一幅。1774年，他遷居到倫敦，此畫是他初抵倫敦時所繪製的作品。

這幅作品展現了根茲巴羅驚人且精湛、成熟的繪畫技巧。他刻意突顯畫中人物衣著的華麗，和人物家世背景的富有的創作手法，在此畫中達到讓人驚嘆叫絕的地步。年輕的格雷厄姆夫人，帶著精美的羽毛帽，

根茲巴羅《清晨漫步》
1785年 畫布 油彩 263cm×178cm
倫敦 國家畫廊

根茲巴羅《令人尊敬的格雷厄姆夫人》
1775～1777年 畫布 油彩 235cm×153cm
愛丁堡，蘇格蘭國家畫廊

穿著一襲乳白色外衣和桃紅色絲裙，而背後是巍然矗立的廊柱；華麗的衣飾和背景，幾乎使夫人那五官清秀、表情略顯傲慢的面孔黯然失色。

格雷厄姆夫人穿著精緻的絲綢與蕾絲縫製的服裝，捨棄了寬大的衣袖設計，直接以繁複的蕾絲和蝴蝶結裝飾；窄口的衣袖，相對顯得俐落大方；美麗的直立式蕾絲領口，塑造了另一種高雅的時尚；桃紅色的抓皺長裙，和改良式的「新型契卡西亞式女裝」裙擺，在胸前的珍珠項鍊的襯托之下，將格雷厄姆夫人的富裕背景表露無遺。

根茲巴羅處理油彩的手法自如而流暢，表現出一種詩意、優雅之美，這是他嶄新的成就。光線的處理方式自然而新穎，使格雷厄姆夫人彷彿處在聚光燈下，明亮而貴氣。

當然，蕾絲在服裝上的運用絕對不是貴族的專利，在康斯塔伯的《安德魯夫人》（89頁）肖像中，我們看見一位學者夫人的精心穿著與打扮。詹姆斯・安德魯博士是艾迪斯康學院的教授，也是康斯塔伯的好友。畫家在這幅作品中，完全沒有想要美化主角的意圖。他以古典金字塔式的構圖，將人物堆砌起來。

畫家小傳

根茲巴羅（Thomas Gaunsborough, 1727～1788）

是英國著名的肖像畫家、風景畫家。出生於索夫克地方的羊毛業世家，他以肖像畫家的身分，揚名於上流階級人士聚集的巴斯，其後前往倫敦工作。他自己曾說過：「畫肖像是為了賺錢；而畫風景畫則純粹是喜好。」他非常喜歡畫田園景色，給予康斯塔伯（Jonh Constable, 1776～1837）等後世畫家極大的影響。

　　微微轉向右方的安德魯夫人的臉
龐，被烏黑捲曲的秀髮襯托得雍容華
貴，薄薄透明的蕾絲衣領與衣袖，雖然
款式並不複雜，也非當時的時尚剪裁，
但在閃閃發亮的緞子衣料的烘托下，閃
爍出如珍珠般的光芒。帽飾是整幅作品
中最突出的裝飾，由薄紗蕾絲與珠寶裝
飾的帽子，與安德魯夫人頸項上層層疊
疊的精美項鍊、黃金耳環，與手上的寶
石戒指相互輝映著，蕾絲在華麗卻不俗
麗的巧妙運用當中，妝點出學者夫人沉
穩大方、溫柔婉約的性格，與聰慧、鎮
定的氣質。

（MaxMara Wedding Collection）

康斯塔伯《安德魯夫人》1818年
畫布 油彩 63cm×76cm

倫敦 泰德畫廊

低俗的另類時尚

　　十八世紀中葉的英國社會非常功利，常常傳出經商致富的暴發戶，和沒落貴族通婚的事情。因為透過婚姻，他們其中一方可以獲取社會地位，另一方則能享有富裕的生活。看不慣這種情況的霍加斯因而創作了一組標題為《流行婚姻》的畫作，來譴責這種風氣。

　　《流行婚姻》共有六幅，依次是《婚約》、《早餐》、《訪庸醫》、《伯爵夫人早起》、《伯爵之死》和《伯爵夫人之死》，從富商之女嫁給失勢的伯爵開始，訴說著兩人歷經的放蕩生活，例如：伯爵帶著染上性病的女孩訪庸醫、夫人和貴族們縱情享樂等情事，終於釀成悲劇的故事。每幅都鏗鏘有力地想向世人表明：因為利益關係而結合，是不會得到幸福的。

霍加斯《流行婚姻：早餐》1744年
畫布 油彩 68.5cm×89cm 倫敦，國家畫廊

霍加斯《流行婚姻‧伯爵夫人早起》
1744年 畫布 油彩 68.5cm×89cm 倫敦；國家畫廊

以《流行婚姻：早餐》為例，時間已經十二點二十分（從牆上的鐘可以看出來），這對夫妻卻才要開始用早餐。做丈夫的剛剛走進家門，筋疲力竭地攤在椅子上，兀自失神，甚至沒發現他的妻子就坐在旁邊。他一定是荒唐了一夜，看看被丟在地下、不知因何緣故而被弄斷了的劍就知道了。更糟糕的是，他的寵物狗還嗅著他衣服口袋裡放著的女人內衣，透露出他昨晚去過溫柔鄉的秘密；而做妻子的拿著小鏡子伸著懶腰，睡眼惺忪，地上散落著紙牌和樂譜，還有翻倒的椅子和樂器，顯然她昨晚也是通宵達旦的玩樂一整夜。

圓拱分隔出的另一個廳堂裡，僕人不太理會他的主人們，邊打著哈欠，邊懶散地收拾著椅子。站在拱門邊、拿著帳本的管家則一臉的不以為然，對這一切感到十分無奈，往上翻的雙眼彷彿正在說著：「這個家一定會破產的！」

不僅如此，從壁爐上堆在一起的大小神像和風格差異很大的擺飾，以及那些硬是掛滿畫作的牆壁，可以見得這家人的生活品味是多麼的低俗。

92頁的《流行婚姻：伯爵夫人早起》已經成為伯爵夫人的富商千金，竟然肆無忌憚地在賓客面前公開要人為她梳妝打扮，為她做造型的還是要價昂貴的瑞士籍髮型師呢！在享受髮型師高超手藝的同時，一邊還有慵懶地斜躺在沙發上的詩人博卡多羅，浮誇地為她解說屏風上的畫。他的腳邊有一個黑人小孩，正把玩著一堆奇怪的東方古物，手裡那個鹿頭人身的雕像，就是希臘神話中，因驕傲地誇耀自己技術勝過獵神，而被獵神懲罰的阿克特翁。

名歌唱家喬瓦尼·卡雷斯蒂尼，也一早就來為伯爵夫人及她的客人們大展歌喉，替他吹笛子伴奏的是知名的德國音樂家韋德曼，人們

都批評他：「一生盡其所能取悅別人，卻落得一場空」。

　　坐在中間那位夫人，在喬凡尼的演唱中，陶醉到僕人從背後端上了咖啡都不曉得。在她旁邊那位手腕吊著扇子的男人，也跟著打拍子。而她的丈夫福克斯・華恩先生，也就是坐在簾子旁、拿著鞭子的那位鄉下紳士，竟打起盹來了。另外，看到那位上了滿頭髮卷、蹺起腳喝著咖啡的年輕男人了嗎？他是普魯士的外交官馬歇爾，一向以性情驕傲、生活放蕩聞名。

　　這批人一早就聚集在這裡，不是昨夜沒有回家，就是賦閒專事享樂，生活之糜爛可見一斑。以伯爵夫人早起梳妝的情節為起點，按照《流行婚姻》組畫的創作主旨，關注現實的畫家霍加斯，搬出眾多當時有頭有臉的人物充當這幅畫裡的賓客，盡情奚落他們，諷刺上流階層浮華的生活方式。

畫家小傳

霍加斯（William Hogarth, 1697～1764）

霍加斯是英國風俗畫的奠基者，他的作品富有都市氣息和資產階級的情調，擅長以喜劇風格為工具，批判人性瘋狂的卑劣行為，真實敏銳、尖銳又諷刺地重現最骯髒庸俗的社會黑暗面。這種具有小說性質的繪畫，在他之前很少見。他的作品繁多，其中又以群體畫像和歷史畫最傑出，但提起霍加斯，人們最常聯想到的還是他的版畫作品。

大衛《謝利薩先生的肖像》
1795年 油彩 畫布 129cm×96cm
巴黎 羅浮宮博物館

# 迎接新古典主義的來臨

十八世紀中期，就在法國大革命的前夕，人們對「自由、平等、博愛」的期待，宛如箭在弦上，心靈的衝擊讓講求纖巧精緻的洛可可風格，不再符合社會的期待。

1748年龐貝古城文物被考古學家挖掘，經過德國學者溫克爾曼大力鼓吹，「希臘藝術是最完美的藝術形式表現」這樣的觀念，直接衝擊藝術型式的表現方式，古典藝術的質樸、大方、兼具精神與比例的均衡，再次獲得重視。

法國大革命之後拿破崙建立了強大的「法蘭西帝國」，一種向「羅馬帝國」致敬的英雄主義傾向，在政治和藝術的領域上快速蔓延開來。此時，大衛提出了新古典主義風格的訴求，立刻受到重視，並風靡西歐。

新古典主義是以古羅馬藝術來提振當代藝術，構圖上，強調理性的表現，以靜態為主，強調完整性，重視素描線條與輪廓，色彩趨於冷調。題材上，以古代歷史和現實的重要事件為主軸，以高尚質樸的思想，和為國獻身的英雄主義色彩，彰顯莊嚴而熱烈的現實激情。

短暫卻復古的華奢時尚

從十八世紀末到十九世紀二〇年代，在服裝史上被稱做「新古典主義時期」。這股風潮從法國大革命開始流行，一直到拿破崙帝制時期結束，幾乎在一夕之間，完全顛覆了從文藝復興時期以來，三百年間所形成的貴族生活方式。「自由、平等、博愛」的理想已不再是口號，而是徹底打破了貴族、富人、平民之間的特權與界線的激烈行動。

過去那種以男性的喜好為主導的所有流行風潮，此時完全改變成以女性需求為主導的時尚流行。從此之後，人們只要提起時尚或流行，就會完全關注在女裝的改變上。無論如何，男女裝都開始朝著儉樸、簡約、健康、自然的純粹形式前進，與之前過度矯揉造作、裝飾過剩的洛可可風格，形成強烈的對比。

這個時期的女裝，流行一

高腰的設計，可以突顯胸部曲線，
又富有獨特的少女氣息，至今仍極受歡迎。
（SPORTMAX 2007秋冬系列）

本來是為了禦寒而設計的長手套，
到今日成為富有戲劇感的設計元素。
（Stephane Dou & Changlee Yugin 2009 秋冬系列）

種以高級細棉布所製成的連身衣裙。這種薄薄的細棉布取代了過去的華美絲織品。女性服裝的腰線被提高到胸線以下，袖子大多很短，裙子從高腰處一直垂到地面上，使得許多女性不得不提著裙子走路。長手套因為短袖子的設計而登場；為了禦寒，披肩開始流行了起來。

高舉英雄主義大旗的時代來臨

其實從拿破崙稱帝之後，為了刺激法國的經濟，他非常提倡奢華的消費型態。他在國內大興土木建造宮殿，支持絲綢、天鵝絨和絲織品的紡織工業，獎勵工藝美術的發展，並讓畫家為他設計華麗的服裝。雖然如此，隨著拿破崙帝政王朝的迅速垮台，時尚風潮也立刻朝著浪漫主義時代前進。

1796年，義大利遠征軍的年輕司令官拿破崙，在義大利北部的阿爾扣拉橋上，為了鼓舞士兵，親自高舉軍旗、冒著槍林彈雨直接衝向敵營。隨軍的青年畫家格羅將這一幕描繪了下來，103頁畫面中所見即是二十七歲的拿破崙的英姿。充滿激情與豪氣的戰場上的拿破崙，並非一動不動在畫家面前擺著姿勢，格羅是好不容易才在極短的時間內，抓住了這個瞬間發生的動作，完成了這幅作品。

人們常說男人穿著軍裝的樣子最帥氣，其中尤以拿破崙時代的法國軍服，最能展現男人的雄姿。而這些軍服的設計也絕對不馬虎，拿破崙穿著深藍色的司令官軍服，上面有大量的金線刺繡，腰際束著刻有名字首寫字母的金屬扣腰帶，以及邊緣裝飾著金色緞帶的絹製禮服專用三色綬帶。

除了格羅以外，拿破崙還特別請來了安格爾、大衛等當代眾多的一流畫家們，為他繪製肖像畫或記錄其立下赫赫戰功的戰爭場面。這

些畫被複製成很多幅,在那個沒有照片的時代,最高的權力擁有者,會用這種方法宣揚自己的功績。

在為數眾多的拿破崙肖像畫中,哪一幅最接近他本人呢?這個問題我們暫且不去研究。格羅在這幅畫中所描繪出的精悍且具有號召力的表情,是多麼的迷人。無疑地,比起拿破崙的肖像畫是否與其本人相似,畫中的他是否擁有作為人民偶像的魅力這一點,更加重要。

1804年拿破崙登上了皇帝的寶座。被任命為御前首席畫家的大衛,繪製了在聖母大教堂裡舉行的加冕儀式。

那年的十二月二日,聖母院舉行拿破崙加冕儀式。大衛把拿破崙看成是革命的繼承人和革命使者,深深被這位心中的英雄所吸引,於是同意擔任拿破崙的宮廷畫師。這幅畫描繪的是儀式結束的一剎那,卻開啟了大衛作為宮廷畫家,和近代歷史題材的天才創作者的序幕。(104-105頁)

畫家小傳

格羅(Antoine-Jean Gros, 1771～1835年)

格羅師從大衛。他在義大利旅行途中有幸與約瑟芬結識,其後開始為拿破崙繪製肖像畫,以及多幅歌頌拿破崙豐功偉業的作品。

格羅《Arcole橋上的拿破崙》
1796年 畫布 油彩 245cm×172cm
巴黎 凡爾賽宮

大衛《加冕禮》
1805～1807年 畫布 油彩 610cm×931cm
巴黎 羅浮宮

▼新古典主義時期，流行及地的長拖裙。

大衛巧妙運用肖像和色彩來繪製這幅大型作品。教堂裡靜謐、肅敬的氣氛，主教庇護七世，卡普拉紅衣主教，皇帝的母親和其他的婦人們占據了背景的包廂位置，在包廂的上面是畫家和他的家人、朋友孟格斯、維安和格雷特里，最後是皇后跪在拿破崙腳下。每個人的表情都栩栩如生，好似對拿破崙的加冕，心中都懷著相同的崇敬，充分展現大衛筆下掌握光線、創造氣氛的功力。

大衛描繪了在舉行儀式時實際出現的所有人物。這樣的繪畫一般來說是在為歷史作見證，記錄一件重要的事件。但是，大衛以他非凡的才華，讓這幅法國繪畫史上超大型的作品，成為世紀名畫。毫無疑問地，他的寫實能力和作為歷史畫家對大畫面的構圖能力，都非常出色。

如同1808年沙龍舉行之時

的一份法國報紙所說的：「雖然有些冷色調，但這是一幅壯觀的作品。這幅畫沒有動感，但這樣更好！場面是這樣的靜謐，所有的人物都這樣的肅靜，這說明應該把注意力放在無上嚴肅的典禮上……。應該感謝大衛，除了教堂中應有的氣氛外，沒有給這幅畫塞進其他的東西。」

在這場盛大的活動中，服裝是最重要的。由畫家伊薩貝（Isabey）所設計的服裝，在莊嚴、豪華中體現著端莊和美麗。白色綢緞的服裝以貂皮為襯裡，紅色絲絨的宮廷用拖裙上布滿了金色絲線的刺繡。這樣的服裝成為後世全世界宮廷服裝的典範。

加冕典禮之後，以白色緞子為主調的高腰裙，以及有金色刺繡的天鵝絨拖地斗蓬，開始流行了起來。這種單純的奢華風，因為約瑟芬皇后的穿戴，廣為當時的歐洲皇室爭相仿效。

1803年，拿破崙在舊王室的藝術珍品的基礎上，加上了自己遠征所帶回來的戰利珍寶，創立了現在的羅浮宮美術館。而《加冕禮》，正是羅浮宮的鎮館之寶，吸引了來自全世界各地的參觀者。

畫家小傳

大衛（Jacques Louis David, 1748～1825年）

他在法國樹立了新古典主義的典型，並培植出安格爾與傑拉等繼承人。曾於革命期間加入激進派的活動，到了拿破崙的帝政時代，則成為宮廷中的首席畫家，但後來卻隨著王權復辟而亡命比利時。代表作有《加冕禮》，其畫幅之大，構圖之繁複精緻，成為羅浮宮中除了《蒙娜麗莎》之外，最受人們青睞，也最重要的作品。

曳地的絲絨長裙，其難取代的貴族氣息與奢華感，
是至今仍受設計師喜愛的原因。
（Jean Paul Gaultier 08AW Haute Couture）

絲絨既可輕盈又可端莊，適合做多種變化的設計。（FENDI 2009秋冬系列）

時尚史的美麗女神們

十七世紀，在路易十四統治下的法國巴黎，成為全球時尚的領航者。因此，優秀的服裝設計師，以及能夠實現這些設計的材料和技術，都一同彙集到了巴黎，而引領當代時尚的「時代之夢」的各色領袖人物，當然也不可或缺。把這些人物的魅力充分展現在畫卷上的畫家們，更將巴黎的時尚魅力傳遍了全世界。

十八世紀時，路易十五那人盡皆知的情人龐巴杜夫人，榮登當代時尚的領袖人物。接下來的路易十六世的王后瑪麗，更在衣服和珠寶飾品上，投入了超過國家預算的龐大鉅款，另有一說，法國大革命就是因此而爆發的。她對時尚流行的嗅覺非常敏感。儘管她在宮廷裡穿著的是豪華服裝，但是在私生活中，她早已經穿上了下一個時代才開始流行的簡約素雅的白色純棉連身長裙。在維瑞-勒布倫為她創作的肖像畫（下頁）裡所穿的裙子，被稱為：「皇后風格無腰寬鬆女裝」。這種款式堪稱簡素，只有領口活潑的荷葉邊作為醒目的裝飾。這種新款，是大衛《雷卡米埃夫人的肖像》等新古典主義繪畫中登場的「內衣式長裙」的先驅。

在重新恢復奢華風的第二代法國皇帝拿破崙三世治下的巴黎，歐也妮（Maria Eugenie）皇后登上了時尚歷史的舞臺。她與奠定了巴黎高

級時裝店基礎的沃斯（Charles Frederick Worth），一起鞏固了巴黎時尚之都的地位。奧地利帝國的伊莉莎白皇后、俄羅斯皇后、以及美國的大富豪之女們，穿的都是巴黎的高級訂製服飾。

到了十九世紀後半葉的新時代女性，代替貴族階級登上歷史舞臺的新興富人階層的女性，站在主流娛樂活動──戲劇舞臺上的女演員們，以及周旋在富豪身邊的交際之花──高級妓女們，都成為了美麗女神的時尚代表。

維瑞-勒布倫《穿著無腰寬鬆女裝的瑪麗皇后》
約1783年 畫布 油彩 93cm×73cm
華盛頓 國家美術館

提起十六歲就和大她二十七歲的銀行家雷卡米埃結婚的珍妮的美貌，在當時巴黎的社交圈幾乎是無人不知、無人不曉。就連新古典主義巨匠的宮廷畫家大衛，也為她畫過肖像。

第一眼看見席拉爾所畫的這幅《雷卡米埃夫人肖像》（112頁），會以為自己看見的是古希臘大理石雕像。年輕的雷卡米埃夫人穿著內衣式的白細棉裙子，擺好了姿勢。她身上穿的是近乎透明、薄如蟬翼，用被稱為毛紗（Muslin）的棉製平紋布做成的，看起來很簡單樸素的長袍，全身都是白色的。

看起來雖然像穿著貼身的內衣，但是實際上，她的裝束在當時卻

同樣是設計在領口的荷葉邊，經過不同的
處理手法，達到既浪漫又俐落的性感。
（Stephane Dou & Changlee Yugin 2009 秋
冬系列）

是非常體面而且流行的款式。用奢華的絲綢製作的誇張服裝、濃厚的妝容、以及高高挽起的巨大髮髻，這些法國大革命之前已經發展到極致的過剩裝飾，在大革命之後完全變了模樣，就連價值觀也發生了劇烈的變化。全新登場的是清新、簡單、樸素的時尚。然而，新的時尚在過剩裝飾方面的表現也並不遜色。

散發出年輕身體的原來魅力，幾乎透明的無腰線寬鬆女裝，好似內衣公然外穿的長裙，是當時巴黎時尚的代表。據說，即使在寒冷的冬季裡，當時巴黎的時髦女人們，也穿著這種像內衣式的輕薄服裝。

光潔的皮膚、含苞待放的胸部。席拉爾筆下的雷卡米埃夫人半裸的身體，包裹在輕薄的布料下。與大衛筆下凝視著讀者的知性雷卡米埃夫人截然不同，這幅畫中稍稍露出的羞怯的表情，給人們留下深刻的印象。而雷卡米埃夫人腿上的美麗披肩，更是當時的時尚極品。

而席拉爾的老師，巴黎畫壇的領袖人物——大衛，則用充滿野心的橫式大畫面，繪製了一幅年輕貌美的雷卡米埃夫人的全身像（114頁）。擁有如古希臘大理石雕像一樣完美、勻稱的身材比例，在與長式的肖像畫完全不同的寬幅空間中，得以自由伸展。

美麗的身體透過半透明的裙子若隱若現。捲曲的短髮、長椅、足踏、燭臺都是受當時流行的古希臘羅馬風格，及新古典主義的影響。身體在最自然的狀態下得到展現，

席拉爾《雷卡米埃夫人肖像》
1805年 畫布 油彩 225cm×148cm
巴黎 納瓦雷博物館

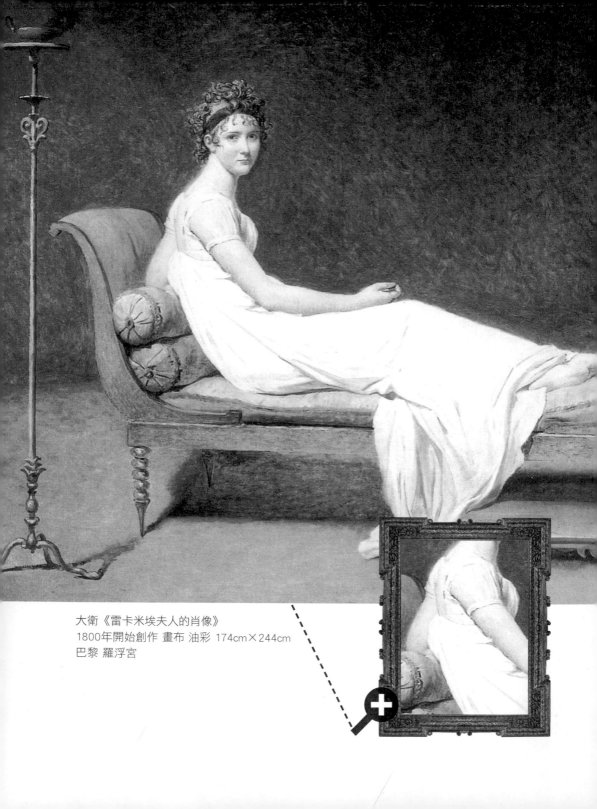

大衛《雷卡米埃夫人的肖像》
1800年開始創作 畫布 油彩 174cm×244cm
巴黎 羅浮宮

畫面中的女人甚至連緊身胸衣都沒有穿，裸露的雙腳在當時也是一種前衛流行。

但是，留在大衛畫室中的這幅《雷卡米埃夫人肖像》最後並沒有完成，原因何在，沒有人知道。這幅令人震驚的大衛遺作中，正值青春年華的雷卡米埃夫人的美貌容顏，卻被後人永遠的牢牢記住。

美麗而夢幻的絲綢薄紗

西班牙貴族泰巴伯爵之女歐也妮（Eugenie de Montijo），在拿破崙三世宣布成為法國第二任皇帝的第二年，即1853年與其結婚，當時她二十三歲。

這位法國第二任皇帝非常喜歡以往法國王室的奢華感，於是將盛大華麗的宴會形式，直接帶進了政治場上。為了要幫助丈夫達到這樣的目的，美麗的皇后歐也妮扮演了重要的角色與推手。皇后為了出席夜夜笙歌的各種宴會，極盡奢華之能事，即使是新做的衣服，也絕對不穿第二次。影響所及，皇后周圍的貴婦們也不斷的訂製新衣服。

這些令人眼花撩亂的衣服，不僅有宴會時穿著的，還細分為早晨穿的、散步穿的、下午穿的、晚餐時穿的、舞會上穿的……等等。這個時代的貴婦們，每做一件事就要換一件衣服。此外，與服裝搭配的帽子、手套、披肩、珠寶首飾……等裝飾品，毋庸置疑，也同樣的花

溫特哈特《被貴婦人們擁簇的皇后歐也妮》
1855年 畫布 油彩300cm×420cm
法國 貢比涅宮美術館

　　樣繁多、價值不斐。後來成為皇后御用設計師的沃斯，就是在這個時期（1857年）於巴黎創設了高級時裝店，專門應付這些從歐洲各地宮廷，如雪片飛來的高級服飾訂單。

　　這些衣服到底有多精緻？從皇家肖像畫家溫特哈特繪製的這幅《被宮廷貴婦人們擁簇的皇后歐也妮》中，就能一窺盛況。這幅畫參加了1855年在巴黎舉辦的世界博覽會，並獲得了一等獎。

也許是因為沃斯創業之前工作的時裝店，曾為皇后準備過出嫁的服裝，而且沃斯不允許任何人模仿他的設計，因此，皇后非常信任沃斯製作服裝的水準。我們可以大膽推測，這幅畫中的女性們所穿著的裙子，其設計應該也出自沃斯之手。

　　皇后的白色絲綢衣服上罩著薄紗，以丁香花色蝴蝶結為裝飾的有裙撐的裙子，向四周舒緩的鋪展開來，充分展露出女性的嬌美與溫柔。皇后驕傲的露出白色的香肩，頭髮上也裝飾著美麗的丁香花，看來那是皇后最喜歡的花。

　　有八位女士享有與皇后一起被畫進這幅畫的榮耀。她們穿的裙子，因為拜當時剛剛被發明不久的縫紉機之賜，因此有了裝飾性極高的細小裙褶和褶邊，使裙子看起來更加精緻甜美。溫特哈特以其精湛的繪畫技巧，出色地表現出幾乎使人暈厥的薄織物布料的精美質感。

　　這種帶有裙撐的裙子，曾經因為《飄》（*Gone with the Wind*）這本小說與其後改編的電影「亂世佳人」的風靡全球，以及Dior在二十世紀五〇年代所創造的流行風潮，成為結婚禮服的首選經典款式，直到今天依然風行不墜。彷彿穿上了這樣的禮服，就能實現女性對愛情與婚姻夢寐以求的想望。

絲綢的光澤感與無懈可擊的優雅，
是其他布料難以取代的。
（FENDI 2010春夏系列）

電影「亂世佳人」劇照。

　　121頁中，半露香肩，安靜地佇立在那裡的奧地利皇后伊莉莎白，仍然像一位公主。在這幅畫裡，伊莉莎白皇后穿著浪漫的曳地長裙，在有著雄偉大理石柱的豪華宮殿裡，彷彿正過著夢境一般的幸福生活。

　　在這樣的夢幻故事裡，皇后的服飾也必須同樣地極盡完美。溫特哈特出色地描繪出伊莉莎白皇后身上，層層疊疊像棉花糖一樣的絲綢薄紗。薄紗上的金色刺繡，就好像閃耀的星星。這件禮服的裙子非常蓬鬆，將她的上半身襯托得更加纖細。

　　這件衣服和法國的歐也妮皇后穿的，帶有裙撐的流行服飾非常相

似。裙撐是一種能將裙子下襬撐大的襯裙，由於裙撐中使用了十九世紀先進的彈簧和鋼的設計，因此，裙撐的形狀才沒顯得那麼龐大。就在這幅畫完成的1865年前後，裙撐的使用達到了顛峰，幾乎普及到所有階層中。畫面中伊莉莎白皇后為了展現裙撐的效果，採取了微微後傾的美麗姿勢。

以出眾的美貌聞名的伊莉莎白皇后，也是一位悲劇的女主角。十六歲時她與堂兄奧地利皇帝兼奧匈帝國皇帝法蘭茲‧約瑟夫（Franz Joseph）結婚，共生下了三個孩子。但是，出身巴伐利亞這樣的鄉下地方，個性奔放、熱愛自由的她，無法忍受宮廷壓抑造作的生活，與丈夫的感情逐漸失和，長年旅居國外，追求自己想要的人生。不料到了晚年，她的獨生皇太子與男爵女兒雙雙殉情，給了她巨大的打擊。沒多久，她又在日內瓦旅行時遭義大利無政府主義者刺殺，不到幾個小時就香消玉殞。當時她所穿著緊身胸衣，還留有被刺時的短刀插痕，現在仍完整地保存在匈牙利布達佩斯的美術館裡。

溫特哈特《伊莉莎白皇后》
1865年 畫布 油彩 255cm×133cm
維也納 美術史博物館

同樣是由薄紗製成的蓬裙。（Jean Paul Gaultier 09SS Haute Couture）

無論裸體還是著裝都是那麼完美

　　安格爾是巴黎畫壇的中心人物，擁有很高的社會地位和榮譽。當時，受到很高評價的畫家，大都意味著他已被認定為是古典、正統的歷史畫名家。即使不知道安格爾在當時的社會地位有多高，對於他所畫的這幅《泉》（124頁），多少也都有些印象。他所創作的裸體女性，都是實際中並不存在的女神或東方女性。完美協調的比例、年輕的肉體、靜謐的畫面，是永恆的維納斯形象之象徵。人們到底有多喜歡這幅畫？從它歷來高居奧塞美術館（Musue d'Orsay）明信片銷售排行榜的榜首，就能得知。

　　十九世紀法國繪畫大師安格爾所畫的女性，大都是穿著非常漂亮的裙子出現在他的肖像畫中。莫蒂西爾夫人所穿的，就是帶有大花束圖案的絲綢質地的裙子（125頁）。胸前和袖口處，裝飾著與裙子搭配，相同花案的大蝴蝶結。宛如古代雕塑的莫蒂西爾夫人的背影倒映在鏡中，可以看到在髮髻處，以蕾絲和紅色蝴蝶結製成的裝飾。低

畫家小傳

溫特哈特（Franz Xaver Winterhalter, 1806～1873年）

德國畫家。被任命為巴登公爵的宮廷畫家後，於1834年移居巴黎。最終成為拿破崙三世和歐也妮皇后最喜愛的畫家，為英國、奧地利等歐洲國家的王宮貴族、上流社會人士繪製了許多肖像畫。其訴諸於人物感情的畫風，不但充分表現出了模特兒本身的魅力，同時也在畫面上營造獨特的浪漫和優雅氣氛。

安格爾《泉》
1856年 畫布 油彩163cm×80cm
巴黎 奧塞美術館

低敞開的胸口設計，美麗的花
邊、組合飾帶和穗狀裝飾，將
莫蒂西爾夫人的美麗與豐腴刻
畫得完美無缺。

　　從十八世紀一直到十九世
紀，法國的時尚就以服裝上添
加的蕾絲、過多的蝴蝶結為主
要的裝飾。看看十九世紀大量
出版的時尚雜誌上的報導，就
可以證實當時這些過多的華麗

安格爾《莫蒂西爾夫人的肖像》
1856年 畫布 油彩 120cm×92cm
倫敦 國家美術館

裝飾，是多麼受到女仕們的喜愛。

安格爾的繪畫對人物性格和社會背景的描繪，是受到公認的精準。在這幅畫中，身為巴黎富人階層的貴婦莫蒂西爾夫人，穿的是最高級的絲綢服飾。她到底多有錢，從她身上配戴的華麗珠寶，與完美無瑕的臉龐，就能探知一二。

莫蒂西爾夫人所穿的頂級的絲綢織物占據了幾乎大半個畫面，製造這種高級絲綢的產地里昂早已名聞遐邇，距離里昂不遠的聖艾蒂安（Saint-Etienne），則是高級蝴蝶結和花邊的產地。

印花布在紡織工業發達的今日，已經非常普及。
（蔣文慈衣2009秋冬系列）

十九世紀法國戲劇界的代表人物——女演員莎拉‧貝恩哈特，留下了數量眾多的肖像畫和照片。克雷良所創作的這幅肖像畫（129頁）中人，無疑是個大美人，但總覺得那是非常典型的美女，其姣好的容顏極不像莎拉本人。莎拉確實是個美人，但是她的美並不是那種古典美，而是更前衛的個性美。

克雷良是一位在沙龍作品展上非常活躍的畫家。現在我們熟悉的

蝴蝶結,可以說是女性服飾永恆不敗的王道。
從頭飾、衣領、袖口、胸前、腰際、裙擺到鞋面,
任何地方都有蝴蝶演出的空間。
（SPORTMAX 08SS Show Look）

印象派畫家，大都是沙龍裡落選組中的常客，只能在非主流的小型沙龍中，開辦沙龍落選作品展。但是現在這些畫家的知名度，卻出現了一百八十度度的大轉變。

當時，是否能進入沙龍中展示的作品行列，與作品能否銷售出去有很大的關係。肖像畫家的人氣指數，也是成為沙龍中暢銷畫家的重要條件之一。不管怎麼說，在那個照片還不是那麼普及的年代，肖像畫還是比較受到人們的歡迎。

以輕盈巧妙的筆觸描繪社交界的中心人物，帶有都會華麗畫風的克雷良，定期在沙龍裡展出自己的作品，獲得了眾多獎項，是當時很受歡迎的肖像畫家。《莎拉·貝恩哈特肖像》是由人氣極旺的女演員莎拉·貝恩哈特，請知名畫家為自己畫的肖像畫。也許正因為如此，

畫家小傳

安格爾（Jean Auguste Dominique Ingres, 1780～1867）

出生在法國蒙托班的安格爾，從小在父親的薰陶下，對音樂和藝術同樣熱愛。1797年赴巴黎，進入大衛的畫室；1801年，安格爾獲得法蘭西學院羅馬大獎，五年後被送往義大利佛羅倫斯留學。1834年他成為法蘭西美術院院長，並成立自己的畫室，期間他也曾接受官方的訂件，《荷馬的光榮》就是當時的作品之一。

儘管人們對安格爾褒貶不一，但這位不知疲倦的藝術家仍然熱忱地工作，成為新古典主義和學院派的領袖，但是他的繪畫同時帶有東方風格和寫實主義風格的傾向。1867年因肺炎逝世，在他逝世之前的三年中，只完成了一幅他最著名的作品：《土耳其浴》。

克雷良《莎拉・貝恩哈特肖像》
1876年 畫布 油彩 250cm×200cm
巴黎 小宮殿美術館

皮草的保暖效果與珍貴奢華感，
讓設計師與消費者同樣愛不釋手。
（Jean Paul Gaultier 09AW Show Look）

她才被描繪成典型的美人模樣。

　　不過，女演員特有的驕傲自大及頹廢的姿態、床上鋪滿的毛皮寢具（莎拉是狂熱的毛皮愛好者），以及曼妙的身材，都絕對與莎拉本人相符。當時女性的理想體型是凹凸有致，略略豐滿，畫面中年輕時的莎拉顯然過於消瘦。多半飾演女扮男裝的美人莎拉，這樣的身材可以說已經提前擁有了二十世紀的理想體型了。

　　莎拉放鬆地半臥在床上，一隻大型犬就蜷伏在她的腳邊，她扭曲的纖細身體包裹在豔麗、有垂墜感的裙子中。這件領口和袖口裝飾著蕾絲，裙裾處用皮毛裝飾的奶油色服裝，是用高級的絲綢做的。這件衣裳適合在室內穿著，邀請客人來家中做客時，它也是非常體面的正式室內服裝。十九世紀後半葉，根據不同時間、不同場合，嚴密的挑選不同種類的服裝穿著，是當時的一種禮儀。

畫家小傳

喬治・克雷良（Georges Jules Victor Clairin,1843～1919）

法國畫家。在巴黎的國家高等美術學院學習繪畫。從1866年開始的十九年中，不斷在沙龍裡展出自己的作品，並獲得了各種獎項。他是當時很受歡迎的畫家。在與印象派的新動向劃清界限的同時，吸收了現代主義、東方主義等當時的流行風格，以其都會式的畫作風格博得了人們的喜愛。他為巴黎大劇院的休息室創作的天井畫，稱得上是室內裝飾創作中的精品。

世界第一的巴黎高級時裝店

　　手中拿著眼鏡的這位女性，就是巴黎有名的銀行家夫人——阿爾貝特‧凱恩‧坦吉爾夫人。這身裝扮是去看戲劇首演時所穿的晚禮服。這種晚禮服，是出席諸如紀念音樂會之類盛大場合時的正式服裝。

　　這件豔麗的珍珠色絲綢晚禮服，在肩部和胸口處採取了適合夜晚穿著的露膚設計。服裝的線條造型選用了當時流行的沙漏形，當然因為緊身胸衣的作用，穿起這件晚禮服時，身材顯得更加玲瓏有致。

　　銀行家夫人阿爾貝特，還披著一件與晚禮服搭配的，觀看戲劇時常用的披肩。她手中稍稍抓起領口處有駝

畫家小傳

博納（Leon Bonnat, 1833～1922）

法國畫家。出生於法國西南部的巴約納（Bayonne）。曾於馬德里和巴黎學習繪畫。創作過歷史畫、宗教畫，之後因為替第三共和政府的相關知名人士繪製肖像畫，而確立了其知名度。在十九世紀七〇至八〇年代，請他繪製肖像畫的價格是最昂貴的。他的創作技巧十分出色，以繪製出古典式、充滿華麗感的畫作著稱。

博納《阿爾貝特・凱恩・坦吉爾夫人肖像》
1891年 畫布 油彩 227cm×134cm
法國 博納美術館

薩爾金《戈托羅夫人肖像》
約1884年 畫布 油彩 209cm×110cm
紐約 大都會博物館

鳥羽毛裝飾的披肩一端，這個姿勢也許是為了使人看到披肩裡襯的黃色絲絨。注意看披肩的外面，那是上面織有類似菊花葉子圖案的錦緞。菊花在當時正流行日本風的巴黎，非常受歡迎。

這件衣服很有可能是出自於沃斯先生的時裝店，布料也應是產自里昂的頂級布料。能夠使用當時流行的布料——絲綢製作出如此出色的漂亮晚禮服的，應該只有當時被公認為世界頂尖的時裝店——沃斯先生的高級時裝店。

這位銀行家夫人住在巴黎的豪宅區裡，在郊外她還擁有一座曾經屬於龐巴杜夫人所有的城堡。此外，她的沙龍裡聚集了許多金融界人士、莫泊桑等文學家、暢銷書作家、音樂家與藝術家⋯⋯等等名流人士。作為擁有這樣地位的女性，她的服裝當然只能出自

露肩、高腰的緞面、及地長禮服，並非現代人的創造，在十九世紀末就已經出現在巴黎的時尚圈。
（SPORTMAX 08SS Show Look）

沃斯先生的設計，儘管價格要比其他時裝店高出許多倍，但其製作的服裝，絕對不比夫人身上佩戴的綠寶石或紅寶石遜色。

屬於男性的西裝制服誕生

在時尚之都巴黎的流行界中，雖然大多把焦點放在女性服裝設計上，但是男性的服裝改革也悄悄地在進行。當時的男性很注重打扮，我們可以從博爾蒂尼所繪製的《孟德斯鳩伯爵》肖像中，看出與現代

充滿現代感的晚禮服

我們很難想像，十九世紀末也曾經流行過純黑色的晚禮服（134頁）。畫面中的主角是一位美國女士，嫁給巴黎富裕的銀行家戈托羅。

據說這幅作品在巴黎法國藝術家聯展上，引發了巨大的風暴。因為這幅畫作不僅過於大膽暴露雙肩、裸露雙臂，更充滿頹廢感。這讓人以為畫中的女主角，私生活必定不夠檢點。女主角的母親硬逼著畫家，立即把這幅點燃女兒流言蜚語的畫摘下來。

當時在巴黎和倫敦已很出名的肖像畫家薩爾金，是在諸番懇求，讓女主角明白他是多麼希望為她畫像之下，才獲得女主角首肯，完成了此畫。但是，醜聞和評論家的惡評，也給他的名聲蒙上陰影。

這幅畫確實是幅充滿個性的肖像畫。面部朝向側面的戈托羅夫人，脖頸到肩部這段最具女人韻味的部分，在黑色禮服和暗色背景的襯托下，顯得白皙有致，也使這幅作品散發出無比的性感魅力。

博爾蒂尼《孟德斯鳩伯爵》
1897年 畫布 油彩 166cm×82.5cm
巴黎 奧賽美術館

男性時尚共通的「時髦」感。

　　稍向後扭轉的細長身子，在裁剪得體的西裝映襯下，孟德斯鳩伯爵顯得更為瀟灑。犀利的眼神、挺拔的鼻樑、緊閉的嘴唇，從外表看來，孟德斯鳩伯爵給人冷漠高傲的印象。他將頭抬得高高的，稍稍向下俯視的視線，帶著貴族特有的驕傲與自大。

　　孟德斯鳩伯爵是巴黎在第一次世界大戰前的美好時代，也就是巴黎歌舞昇平的復育時期中，貴族社交圈裡的風雲人物。在那時上流社會和新興富裕階層混雜的奢華社交圈中，從他們精煉的談話技巧、自大狂妄的程度，以及從孟德斯鳩伯爵服裝所呈現的高雅品味，可以感受當時巴黎社交界的熱鬧情形。

　　他的服裝以樸實的灰色為基調。但是從開士米（cashmere）質地的襯衫反映出的光澤程度來看，絕對是極上品。同時，從服裝的裁剪與做工，也可以感受衣料的高級感。純白色的燕子領襯衫上，看似不經意的黑色領帶，實際上是經過細心琢磨後，特意稍稍鬆散地繫著的。這一定是從他多不勝數的領帶中，精心挑選出來的。帶有陶瓷把手的手杖、白色山羊皮手套、彎曲的鬍子，都經過精心打理。

　　從法國大革命後出現的男性西裝，真的可以稱之為「公民社會制服」。那樸實的西服套裝，即使到了今天，基本上都沒什麼變化。十九世紀初期的時髦人士說：「通過穿著來突顯自己，簡直是庸俗透頂。」這樣一來，男士們只能在細節之處，展現每一個時期的時尚精神了。

　　當時，孟德斯鳩伯爵雖然不露聲色，但社交圈中仍將他視為美男子典型。他的服裝，當然也是大家注目並爭相學習的焦點。伯爵超越了性別意識的審美觀，甚至到了現代，都還能領先潮流。

三件式西裝，到了現代已非男性專利。
在許多女裝中，也出現了三件式西裝的俐落設計。
（SPORTMAX 07AW Show Look）

從十九世紀逐漸定型下來的男裝，到了今日，
出現逐漸有休閒化、陰柔化的轉變。雖然大體的型制相同，
但可以從細節、配件中傳達穿著者不同的個性。
（Gaultier² 08SS Show Look）

（STEPHANE DOU&changlee yugin 2009秋冬系列）

兼具實用性與美感的帽子，無論古今
都是重要的時尚配件。
（SPORTMAX 07AW系列）

中產階級引領多元時尚

法國大革命以後，歐洲在社會秩序、生活及日常交際的形式上，都徹底改變。從十九世紀後半葉開始，歐洲各國的中產階級逐漸抬頭，於是無論政治、經濟、文化的走向與發展，都與中產階級息息相關。在累積了龐大的財富之後，除了衣食溫飽，歐洲新富階級對能夠彰顯自己地位、階級、品味、排場的象徵事物也特別熱衷。以豪華的排場來炫耀財富，是這個時期的共同生活信條，這也直接刺激了藝術、音樂、時尚等文化領域的蓬勃發展。

資本主義體系為了刺激消費，將所謂的「身外之物」都賦予新的象徵地位與附加價值，以挑動富人們無止盡的渴望與追求。從家中陳設擺置，休閒活動的行程，乃至於社交生活的經營，都是他們對同儕展示財富、地位與品味的主要舞台。

而要打造符合中產階級利益與價值觀的中樞社會，十九世紀中葉起，歐洲各國對首都進行了大刀闊斧的全面改造，那是當時最重要的建築與社會工程。拿破崙三世統治的第二帝國，由建築師奧斯曼（George Eugene Haussmann）設計，於1851年動工的巴黎改建計劃，是最著名的例子，也奠定了今天巴黎的都市風貌。

從十九世紀起，到今天，走路有風、帥氣瀟灑的
大衣，是許多男士心目中理想的服飾。
（Stephane Dou & Changlee Yugin 2009 秋冬系列）

十九世紀起，女性的服裝漸有中性化的趨勢。
現代中性風格女裝中展現的俐落、瀟灑，
是其吸引人的地方。
（MaxMara 09AW Show Look）

筆直寬敞的林蔭大道，可說是十九世紀歐美都市改造的最重要發明，成為都市現代化的核心。沿著林蔭大道兩側，興建起由前宮廷畫師、工匠、廚師等開設的各種精品店、餐廳、咖啡館，提供了新的消費模式。此外，林蔭大道也多半通向新建的國家博物館、美術館、歌劇院，而配合都市更新興建的廣場與公園，更成為民眾主要的公共休閒場所。

除了硬體的建設，歐洲的藝術發展可謂百花齊放，達到了前所未有的顛峰。藝術家受到自由主義思潮的影響，紛紛尋求更能傳達時代精神的表現方式，播下日後藝術革命的種子。法國在新古典主義式微之後，也因此陸續地發展出新的藝術流派，浪漫主義、自然主義、寫實主義、印象主義……接續登場。創意的精靈好像取之不盡、用之不竭似的。

中產階級興起後，更成為藝術品的最大買主，藝術市場已不再由宮廷、貴族所壟斷，藝術的發展逐漸地走向民主化。而主張民主風潮的法國，則成為歐洲的藝術中心，取代了義大利自文藝復興以來在歐洲的藝術領導地位。

多元的流行時尚

工業革命之後，科技日益發達，機器取代了人力。從十九世紀下半葉開始，大量生產的物品，例如：成衣、顏料、生活用品……等，物美價廉。婦女的裙子比十九世紀二〇年代更長、更寬，布料更加鮮艷、華貴、大方。緊身的上衣、球形的衣袖，使肩背顯得高聳寬闊。當然樸素、但頗具魅力的畢德邁雅風格的服飾，也成為時尚的代表。貼身款式重新復活，背部下端的「巴黎臀部」成為流行風尚。從此時起，金匠藝術開始只強調女性的美感，婦女在日間佩戴琥珀、珊瑚、水晶，晚間則配戴

到了21世紀，兩性的服飾都有往中間靠攏的
趨勢，女裝即使跨越性別、以粗獷豪邁
為號召，也不再令人乍舌。
（Jean Paul Gaultier 09AW Show Look）

珍珠、寶石、鑽石頸鍊、耳環、手鐲、戒指和髮梳。

　　至於男裝，現代男裝的基本形式，在此時期已經固定下來。除了夾克、便服、小禮服和燕尾服之外，還有大禮服和合身剪裁的大衣、蘇格蘭式運動衣及旅行穿的外衣與長褲。自1870年起，男士們已有白色襯衫配以堅固的袖扣、衣領及細長領帶的裝扮。男士們配戴著懷

馬奈《福里·白熱爾酒吧》
1881年～1882年 畫布 油彩 96cm×130cm
倫敦 柯特爾德藝術研究中心

錶、錶鍊、戒指及領帶針，出席各種場合。

到了二十世紀，服裝的發展有了翻天覆地的改變，中性服裝、大膽開放的創意，隨著人們講求舒適、方便的需求而大幅改變。因此，時裝已不只是上層社會的特權，時裝設計師開始為廣大的群眾發揮智慧。過去的時尚元素，雖無法全盤滿足人們的需求，但部分的時尚典型，依然能在現代的服裝中不經意地顯現。

後膨式（Pull-back）的設計

福里·白熱爾酒吧，目前仍是巴黎著名的劇場酒吧，與其說是劇場，不如說是音樂酒吧來得恰當。雖然經過時間的更迭，現在演出的節目可能與以往已大不相同，但在馬奈於1881年間，創作這幅《福里·白熱爾酒吧》時，酒吧裡正上演著多樣化的歌舞表演，甚至還包括了馬戲團。在這幅畫作左上方，我們隱約還可以看到高空鞦韆表演

畫家小傳

馬奈（Douard Manet, 1832～1883年）

馬奈出身於巴黎的富有家庭，喜愛社交生活。1863年備受批評的《草地上的午餐》遭受沙龍的拒絕，同時也使革新派的畫家與之交好，形成了與學院派對抗的重要力量。在蓋布伊咖啡館裡，馬奈、莫內、左拉、畢沙爾、巴吉爾、希斯里藉由激烈的辯論和烈酒的刺激，組成了印象派小組。之後，某些學院派畫家逐漸受到印象派手法的影響，1882年，馬奈被任命為榮譽勛位團騎士，這是他經過艱鉅的奮鬥和努力，所得到的光榮成就。

圖中女性所穿的洋裝，是後膨式裙子的典型代表。

　　的演員雙腳，和高空鞦韆的下半部。場內懸掛著氣派的水晶燈，而觀
眾則圍坐在一張張小圓桌旁觀賞演出。

　　　從這位女侍者穿著的服裝、打扮來推論，這個地方在當時應該是
相當熱門、高級的時尚休閒去處。在這樣歡樂的劇場酒吧角落，設置
吧台販賣飲料與酒類，似乎是很常見的事，中場休息時間，人們可以

在這裡點購飲料或者簡單的食物、點心。畫面中央的女侍身後的鏡子裡，映照著劇場內熱鬧喧嘩無比的景象。

由於女性觀眾們看起來十分高雅，男性觀眾也都戴著大禮帽。在當時，大禮帽可是上流社會人士的必備品，因此我們可以推測，這裡應該屬於上流社會人士的娛樂場所。大理石桌面的吧台上，玻璃高腳盤上盛著紅澄澄的柑橘，並陳列著香檳、啤酒及其他種類繁多的酒類。

波特萊爾認為，馬奈嘗試著在畫面上同時呈現永恆與無常，因此對於瞬息萬變的時尚，馬奈一直都是興味盎然、充滿好奇的。尤其馬奈的作品多以描繪都會女性為主，因此，我們可以從他描繪都會女性身上的所有細節，具體地看出當代社會華麗的象徵，以及流行服飾的時尚。

後膨式襯裙

後膨式襯裙的使用，是肇始於裙撐架圓膨裙不再流行所做的設計，為的是要強調女性自腰部後方拋出的美麗線條。

當時設計的後膨式襯裙，除了有座墊式外，還有鳥籠式、線圈式等多種樣式。而在秀拉所繪製的《模特兒》（下頁）圖中，牆壁上所懸掛的，是類似將竹籃切成對半的鳥籠式後膨式襯裙。

穿這種襯裙時，要先以粗繩將其固定在腰部上，再套上洋裝。其實當初要是沒有製鐵技術的話，也就沒有人會想到讓女性穿上這些奇怪的撐架，尤其是束腹，簡直就像是刑具，將女性的身體束得透不過氣來。不過這東西在當時可是風靡了所有的女性，連小女孩也都穿上這樣的設計哪。

秀拉《模特兒》
1888年 畫布 油彩 200cm×250cm
美國賓州 巴尼斯基金會

身為印象派先驅的馬奈，雖然不會像以往的寫實畫家，如實地將布料的質感忠實表現出來，但他還是確實地描繪了女侍領口與袖口翻邊的精美蕾絲、黑色天鵝絨外套的特徵、繫著金色橢圓形鍊墜的黑色天鵝絨頸飾、小珍珠耳環與金色的精巧手鐲。透過映照於鏡面上的背影，我們可以看得出來女侍穿著當時流行的後膨式裙子。這種後膨式裙子可以使臀部向後膨脹起來，凸顯女性的臀部線條。

我們再來看看其他畫作當中，關於後膨式襯裙的描繪。

秀拉的這幅《模特兒》是一幅標準的「畫中畫」。在畫的左半部，他放入了自己的作品《大碗島的星期天》，又在右半部放置了四張小幅圖畫，以及畫室中各自擺著姿勢的模特兒。

雖然說這三個模特兒，是以希臘三女神為主要構想，但粉色肌膚的裸體、修長但略帶豐腴的體態，的確是1890年代的美的象徵。秀

現代女性依然選擇馬甲來修飾
體型，但是材質已大幅改進，
講究透氣舒適。
（瑪麗蓮提供）

（Jean Paul Gaultier 09AW Haute Couture）

拉應用他獨創的點描法技巧，精確地運用科學分色理論，讓畫面上瀰漫著一股濃濃的詩意，直叫人心蕩神馳。運用這種繪畫技巧創作的畫家團體，被稱為「新印象派」，或「點描派」。

這三個模特兒將身上的衣物通通脫了下來，散置一地，彷彿是在做上場前的準備工作。散置一地的洋裝、無袖內衣、捲成圓筒狀的藍色束腹、手套、襪子、帽子、陽傘、扇子……等等，都是當時流行時尚的象徵。

而在畫面右方的牆壁上，則懸掛著當時流行的內衣──後膨式襯裙。後膨式襯裙是為了製造流行的側影，將臀部向後膨起，就像《大碗島的星期天》一圖中女性所穿的裙子。換句話說，在當時，這種後膨式襯裙算得上是除了束腹之外的另一種魔術內衣。

這幅作品中的女主角們雖然裸露著身體，卻流洩出奢華、優雅的氣質，她們穿著需要技巧的內衣以及服裝時，就如同人偶一般顯得不甚自然。這樣的時尚還要流行好久好久，女性的身體自主權才得以獲得釋放。

披肩與寵物

　　「Fido，要跟我一起出門嗎？」遛狗散步對上流社會的人們來說，可是一件時髦的事哪。從許多的經典名畫中，我們都可以看見畫家們將寵物入畫的情形。寵物並不拘限於小狗、小貓，有時連小鳥、小銀貂……等等，都成了畫中的重要角色。例如：文藝復興時期達文西所繪製的《抱銀貂的女子》、拉斐爾的《拿金鶯的聖母》、提香的《撫摸著兔子的聖母與聖嬰》。

　　史蒂文斯所繪製的這幅《Fido，要跟我一起出門嗎？》那位正要出門而手握門把的女性，往後看著緊隨在腳邊的愛犬，逗弄著牠。當然，最後她還是會帶Fido外出散步的，因為在當時帶著小型犬出門散步，是一件非常時髦的事。

　　從她那文雅的姿態、暗紅色的天鵝絨洋裝、自洋裝下方露出，飾以抽花繡的全白漿洗襯裙，以及披在雙手上的喀什米爾披巾，可以想見這名女性的家世富足。當然，從房間的擺設也透露著她寬裕的生

畫家小傳

達文西（Leonardo da Vinci, 1452～1519年）

達文西是義大利文藝復興時期的巨匠，是一位身兼畫家、雕刻家、建築家、科學家和發明家的「天才」。在佛羅倫斯、米蘭和羅馬等地工作享有盛名之後，晚年受法國國王的邀聘，在法國的安波瓦茲終其餘生。《最後的晚餐》是受米蘭大公的囑託而創作的，此外，他還留下包括《蒙娜麗莎》和《岩窟的聖母》等名作。

阿弗雷德・史蒂文斯《Fido，要跟我一起出門嗎？》
1859年 畫布 油彩 61.5cm×49cm
美國 費城美術館

達文西《抱銀貂的女子》
1485～1490年 木板 油彩 54cm×39cm
布拉格 札托里斯基博物館

提香《撫摸著兔子的聖母與聖嬰》1530年
畫布 油彩 100cm×142cm 巴黎 羅浮宮

拉斐爾《拿金鶯的聖母》
1507年 木板 油彩 107cm×77cm
佛羅倫斯 烏菲茲美術館

安格爾《德沃賽夫人肖像》
1807年 畫布 油彩 76cm×59cm
法國香提區 孔德博物館

披風、斗篷等配件，在今日仍蔚為時尚，其飄逸的動感更增添女性的魅力。
（MARELLA 08AW系列）

活。由於從畫面中看不見屋內的天花板，因此可從這個房間的高度推
斷出，這是在巴黎建築物當中的一樓。這是因為當時在巴黎的公寓，
愈上方的樓層，天花板就愈低、空間愈狹窄，因此上方樓層的住戶收
入也就愈低。這個房間的牆壁以精緻灰白色粉刷並飾以金邊，而牆上
的那幅肖像畫裡的人物，應該是她的祖先。

　　當時歐洲人所用的披巾，幾乎都產自印度，通常裝飾富有異國情
調的圓珠花紋。為了搭配當時流行的後膨裙，時髦女士們都會以正方

形的大披巾來取代外套，造成一時的風潮。也因為如此，原本就是高價舶來品的披巾，更成為時尚女性們夢寐以求的珍品。那股熱潮讓作家巴爾札克，也在作品中大加諷刺。

雖然法國後來也生產披巾，但是這幅《德沃賽夫人肖像》（160頁）中的披巾，從流蘇上就看得出來是產自印度的頂級品。所謂的頂級品，在當時其價值等同於現在昂貴的毛皮大衣一般。安格爾的太太馬德萊娜·沙培爾，在當時就是一位知名的時尚設計師，因此，她總是讓安格爾的穿著打扮時尚又得體，間接的也影響了安格爾在繪製肖像畫時，對於服裝細節的考究。

這幅圖充分捕捉住女主角的風韻，高貴細緻的黑絲絨洋裝，在金色高級披巾的襯托之下，顯得雍容華貴。畫家精確地鑑賞出它的價值，並將其質感忠實呈現於美麗的畫面上。

內衣與束腹

在馬奈的《娜娜》這幅作品中，一個穿著內衣的女性，攬鏡自照，而右手邊則坐著一名頭戴大禮帽的中年紳士。由於當時流行日本風，在後方的牆壁上裝飾著日本屏風。

這是高級妓女——娜娜的房間。她穿著緞面的藍色束腹，水藍色、有著美麗刺繡的長襪著實奢華。當時內衣的穿法是重重疊疊好幾層，先穿上無袖的內衣，再穿上女性的蓬鬆內褲，而束腹得要能夠束在內褲上，有時還要穿上蓬裙的鐵架，然後才能穿上外衣。娜娜右手拿著粉撲整妝，應該正在準備與右邊那位男性，一同外出用餐吧。

娜娜的蓬鬆內褲有著蕾絲邊的裝飾。雖然直到十八世紀，蕾絲是手工製作的高價商品，但是由於工業革命的成果，蕾絲的價錢也就相

馬奈《娜娜》
1877年 畫布 油彩 154cm×115cm
德國 漢堡市立美術館

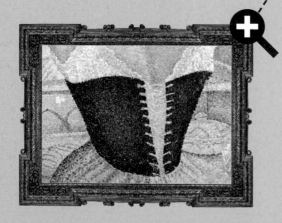

對被壓低了些，正因為如此，一般民眾的內衣也會使用蕾絲來裝飾。

　　從保羅・希涅克《梳頭的女人》這幅作品中，我們可以將束腹的穿戴方式，看得更清楚。攬鏡梳妝的女子穿著緊身的束腹，衣服背後的繩子，可以用來調整鬆緊度，繫得太鬆無法表現身體的曲線，繫得太緊則會勒得令人不舒服。

圖為 Jean Paul Gaultier經典馬甲 (Jean Paul Gaultier提供)

台灣近年來也逐漸流行馬甲式的服
裝，並邀請名人代言。
（瑪麗蓮提供）

莫內《庭院中的女孩們》
1866年 畫布 油彩 25.6×20.8cm
巴黎 奧塞美術館

陽傘所帶來的時尚感

陽傘也是時尚的配件之一。最會畫陽傘的畫家，莫過於印象派大師莫內了。無論他是畫原野，還是罌粟花海，對莫內來說，他永遠的繆斯——美麗的卡蜜兒，總是會帶著她的陽傘入畫。

在十八世紀末之前，傘是帝王與貴族才能使用的專屬遮陽工具，一直到十八世紀八〇年代之後，才被一般人拿來作為遮雨與遮陽之用。十九世紀後半，人們的生活總算稍為清閒了些，也有了休假的閒暇時光，因此開始投入原野的懷抱。鐵路的鋪設，使得一到夏天，富有階級的人們便會前往海邊的避暑勝地，而一般民眾則是利用星期假日，前往巴黎市郊活動，例如：划船、散步、以及野餐等等，這種輕鬆無負擔的娛樂享受，廣泛地成為人們的固定休閒活動。雖然陽傘原本就是女性的日常用品，但也由於上述原因，被視為是時髦的配件，而流行了起來。

畫家小傳

莫內（Claude Monet, 1840～1926年）

莫內是法國近代繪畫史上，最傑出的印象派代表畫家。為了繪畫，曾經從諾曼第前往巴黎，和畢沙羅、雷諾瓦、希斯里等人交往密切，後來又前往英國，接受泰納、康斯塔伯等人的薰陶。回國後，完成了《印象・日出》這幅名作，採用原色主義、色調分割等技巧，表現出光影變幻莫測的各種景象。晚年在巴黎郊外吉凡尼的家中，持續創作和睡蓮有關的大型作品。

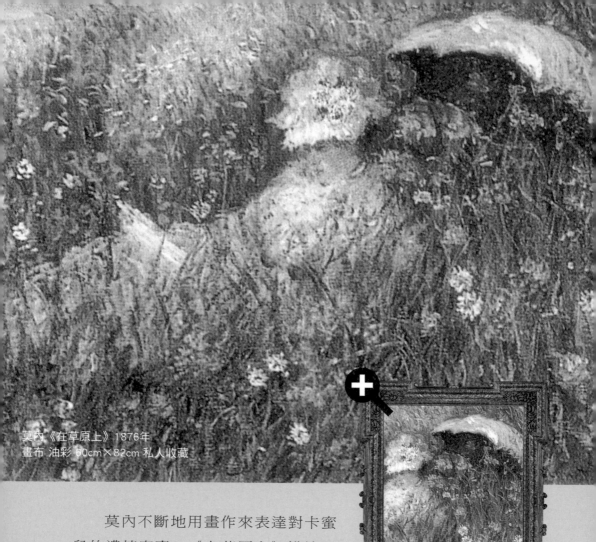

莫內《在草原上》1876年
畫布 油彩 60cm×82cm 私人收藏

　　莫內不斷地用畫作來表達對卡蜜
兒的濃情蜜意，《在草原上》描繪了
卡蜜兒坐臥在草原上閱讀的恬靜時
光，多變的光影，照在開滿花朵的草
原上，繽紛燦爛，如同彩蝶翩翩飛舞
般，令人心曠神怡。走過未婚生子的辛酸、三餐不繼的貧窮，1870年
後莫內終於將卡蜜兒娶進門，生活逐漸步入正軌。這時莫內一家搬到
了巴黎的近郊——阿戎堆，在這個風光明媚的小鎮中，享受著兩人最
幸福的時刻。

《阿戎堆的罌粟花田》充滿光影的恬逸景象裡，卡蜜兒母子正悠閒地散著步。在戶外的燦爛陽光下，莫內以妻子卡蜜兒與兒子約翰為題，畫了數張作品。除了《阿戎堆的罌粟花田》，《撐傘的女人》更直接以陽傘做為畫作的名稱，突顯了它的存在感，因此，我們就將焦點放在兩幅圖的共通點——「陽傘」上面。

　　《阿戎堆的罌粟花田》中，廣闊原野種植著一大片鮮紅的罌粟花，身著水手服的男孩，將摘下來的一大把罌粟花抱在胸前，帶著

莫內《撐傘的女人》
1875年 畫布 油彩
100cm×81cm
華盛頓 國家畫廊

男孩散步的母親，戴著帽子、撐著陽傘；而《撐傘的女人》站在小丘上方的母親將陽傘撐在胸前，兒子約翰也一同入畫。對當時衣著入時的女性來說，帽子是白天外出時不可或缺的必需品，而陽傘也被視為時髦的時尚配件，流行了好一陣子。

自古以來，人們就以鯨魚軟骨或木材來製作傘具，十九世紀開始，則以細鐵來製作傘柄，讓傘具的重量大幅減輕。因為如此，陽傘、雨傘大流行，甚至演變為幾乎人手一傘的情形。

秀拉的《大碗島的星期天》（174～175頁），堪稱是現代藝術最複雜的作品之一。秀拉並非利用調色去尋找和獲得補色，而是將顏色一起放到畫布上，讓人們的視網膜來作「視覺調色」。這個悠閒的星期天下午，人們或坐或臥的享受著恬靜時光，女士們不是撐著陽傘就是戴著帽子，男士們則千篇一律的戴著大禮帽。如果我們把陽傘都拿掉，這幅作品中的休閒味道就顯得分外不足。

十九世紀後半的繪畫或小說中，傘具也頻繁地出現。1860年代，在巴黎的百貨公司，甚至可以買得到日本的油紙傘，這是因為浮世繪這種屬於東方的平面式繪畫方式，在歐洲引起廣泛注意，許多人開始迷戀這些異國情調的新奇事物所致。在詹姆士・迪索（James Tissot）那幅《撐著陽傘的女人》（176頁）中，穿著高雅的女主角帶著蕾絲手套，手中就撐著當時最時尚的日本油紙傘。

莫內《阿戎堆的罌粟花田》
1873年 畫布 油彩 50cm×65cm
巴黎 奧塞美術館

秀拉《大碗島的星期天》
1884～1885年 畫布 油彩205 cm×308cm
芝加哥 藝術中心

▼詹姆士‧迪索《撐著陽傘的女人》
1878年 法國 巴隆博物館

▼雷諾瓦《帶陽傘的莉絲》
1867年 畫布 油彩 181cm×112cm
埃森 福爾克旺博物館

中性時尚——燈籠褲

　　1880年代至1900年左右，騎自行車在民間形成一股熱潮，在宣傳海報上，更出現了騎乘自行車的女性。從前輕鬆享受閑暇的生活總是與一般老百姓無緣，但自十九世紀後半葉之後，中產階級興起，休閒風氣逐漸普遍起來，人們或前往劇場、美術館參觀，或外出散步、到郊外遊玩，甚至到遠方旅行、避暑等等。在這樣的生活氛圍裡，人們也開始熱愛起運動，像是海水浴、自行車、網球、高爾夫球等等，除了男性之外，女性的參與度也大大地提高。

尚‧佩羅《布洛涅森林的自行車小屋》
1901～10年 畫布 油彩 53cm×65cm
巴黎‧卡納瓦雷博物館

土魯茲－羅特列克《紅磨坊的女丑角》
1895年 畫布 油彩 75cm×55cm
溫特圖爾 雷因哈特博物館

　　一開始，女性運動時穿的服裝，只是在平常服裝上減去部分
裝飾，整體來說幾乎沒有什麼改變；但是，騎自行車時就不同了。

　　自行車是在十九世紀後半葉的發明，並且形成風潮。騎乘
的時候，必須跨坐在座墊上。雖然騎馬也必須跨坐在馬鞍上，
但女性騎馬時都被要求穿著裙子側坐，並無改革服飾的需求。
但再怎麼遵行禮教的女性，也沒法穿著有裙撐的及地蓬裙跨坐
在坐墊上騎車。因此，為了配合這項新的交通工具，人們發明
了新的運動服裝。

　　那是一種稱作「燈籠褲」的蓬蓬褲。當時，在布洛涅森林中，
隨處可見穿著燈籠褲、合身外套、戴著麥桿帽，充滿男孩子氣的
女性身影（見177頁）。

　　燈籠褲是當時美國女性解放運動者艾梅莉雅・傑克斯・布魯
瑪（Amelia Jenks Bloomer, 1818～1894）所提倡的服裝，因此，燈籠
褲的英文名稱即以「bloomer」來命名。

　　1851年，布魯瑪在自費出版的雜誌《百合》（Lily）上面，
介紹了這種為了使女性能夠自由活動所設計的服裝，不再束緊
腰部，而是將土耳其式寬鬆的長褲與稍微過膝的裙子做結合。
布魯瑪除了大大地推崇這款服裝的設計之外，並鼓勵女性開始
享受毫無拘束的騎乘樂趣。但可惜的是，她的創新思維在美國
卻是孤掌難鳴，因為，當時流行的是浪漫派的裙撐架圓膨裙，
就像我們在電影「亂世佳人」裡，看到的郝思嘉（費雯麗飾
演）所穿的華麗服裝那樣。

不僅如此，由於女性運動服裝實在是前所未聞，因此，也被以諷刺文章著名的英國週刊《笨拙》（Punch）報導出來，造成歐洲社會的震撼，招來許多責難與訕笑。但在自行車大量流行之後，燈籠褲的機能性終於得到了認同。從此，燈籠褲成為女性騎乘自行車時，首先選擇的服裝，燈籠褲可說是重獲新生。

服裝的創新除了行動上的解放之外，十九世紀末的歐洲，女性對將身體束得越來越不舒服、不自然的束腹，以及飾滿蕾絲及滾式摺邊的繁複衣裙，開始感覺不耐。於此同時，愈來愈多人期待能尋求新女性的嶄新生活方式。首先打破保守思維的就是，服裝上的解放。當時最有名的代表性人物，就是音樂家蕭邦的情人，也是暢銷書小說家喬治桑。她穿著男裝，煙不離手，出入高級沙龍，儼然是新女性的象徵。

燈籠褲

最早的燈籠褲設計，是在褲腳以鬆緊帶造成蓬鬆感的褲型，長及腳踝，可以單獨穿著，也可以在外面罩一件裙子。燈籠褲是由十九世紀時美國女性依莉莎白‧史密斯‧米勒（Elizabeth Smith Miller）所創造的，直到1851年，才由女權運動者艾梅莉雅‧傑克斯‧布魯瑪大力提倡、蔚為風潮，並以其姓氏來命名。後來，燈籠褲成為各國女學生的制式運動服，流行了好一段時間。

以巴黎名女演員、社交圈的核心人物為主要客戶的肖像畫家薩爾金，也常回到美國，為像司托克斯夫婦這樣的上流人物畫肖像畫。從其作品中，很容易可以發現入畫的對象都是出身不凡、過著富裕生活、對社會流行具有強烈影響力的人物。除了燈籠褲外，男性化的襯衫與外套，在女性間也大為流行。

畫面上，樸素的色彩將司托克斯夫人白裡透紅、活力十足的粉色肌膚突顯出來。而司托克斯先生在夫人後方距離一步的位置，優雅而穩健地守護他的妻子。夫人的裝扮強烈地散發男子氣概，她穿著與丈夫一模一樣的打褶灰麻襯衫，明亮的白色領口呈現漿洗的效果。打上領結，套上剪裁時尚、線

約翰·辛格·薩爾金《司托克斯夫婦》
1897年 畫布 油彩 211cm×98cm
紐約 大都會美術館

與司托克斯夫人的帽子近似的寬沿帽，
成了當今女性展現俏皮風情的裝飾。
（SPORTMAX　09SS Show Look）

條簡潔大方的黑色外套，繫上腰帶，白色麻裙上沒有任何裝飾，手上還拿著男性化的麥桿帽（圓鋸帽），柔美中不失利落大方，是十九世紀末的極簡風格。

而畫家畫龍點睛地將她腰間左手上的鑽石婚戒，很有技巧地強調得耀眼燦爛。司托克斯先生曾在私底下表示，十分滿意薩爾金描繪這只鑽石婚戒的手法。在此，司托克斯夫人提前展示了二十世紀的中性時尚。

裸露的美感──奧林匹亞與紅磨坊的康康舞孃

1848年，小仲馬的《茶花女》在巴黎出版問世。像這樣取材自女性的小說與繪畫，在十九世紀蔚為風潮。浪漫主義的氣息，席捲了整個歐洲，不停衝撞著人們的價值觀。

1863年，馬奈的《草地上的午餐》在畫壇引起了軒然大波。其實歷來畫過裸體畫的畫家不知凡幾，但從來沒有任何一幅畫，像馬奈的《草地上的午餐》，引起這麼大的躂伐聲浪，主要的原因是，被畫的女人並不是女神，而是當時存在於歐洲上流社會中，極受爭議的高級妓女。

同年，馬奈的《奧林匹亞》（186頁）誕生，他將囚禁於服裝中的女性身體解放出來。在十九世紀貞潔至上的西歐社會，尚未有人將現實生活中的女性軀體如此赤裸裸地公諸於世，因此，關於裸體的激辯鬧得沸沸揚揚、喧騰一時。

《奧林匹亞》令人想起提香的維納斯。躺在床上的奧林匹亞是裸體的。但即使脫了衣服，也不表示能夠將所有的社會禮教與桎梏盡皆拋去，因此，她仍然在身上戴著項鍊、手鐲、耳環等配件，腳上也穿著室內的緞面拖鞋。在白色床單上疊放著細褶邊的枕頭，手中抓著當時最流行的西班牙刺繡大披肩，獨特的花樣以及大量的流蘇，說明它

馬奈《草地上的午餐》
1863年 畫布 油彩 208cmx264cm
法國巴黎 奧塞美術館

價值不斐。這種正方形的大披肩是為了搭配當時流行的裙撐架圓膨裙所設計的,取代了穿脫不便的外套,風靡一時。

奧林匹亞的職業當然也是高級妓女,黑人女僕捧著一束愛慕者送來的花,靈巧的黑貓說明了這種曖昧的社會關係,並凸顯了奧林匹亞隱晦的身份。

和高級妓女的這個行業幾乎同時發展起來的康康舞孃,從1870年代開始逐漸在下流社會舞台嶄露頭角,並且受到一般女子廣大的喜愛。我們不得不承認,一直到二十世紀初,這種女性的存在,的確成為花都巴黎的另一種印記,為這個城市憑添了無比魅力。高級妓女以

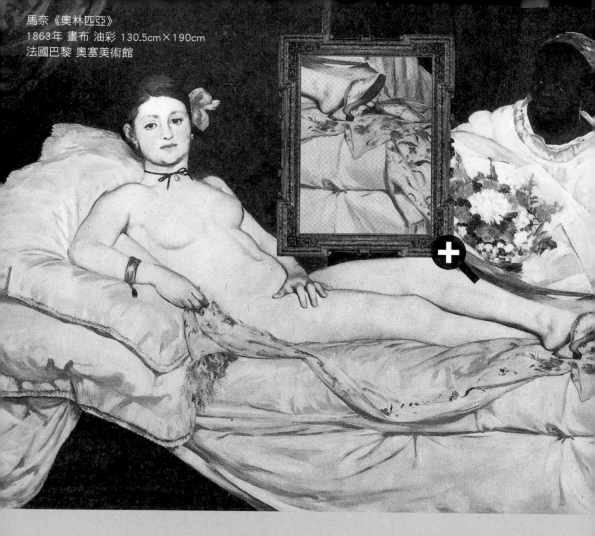

馬奈《奧林匹亞》
1863年 畫布 油彩 130.5cm×190cm
法國巴黎 奧塞美術館

及康康舞孃當中，有人得到富豪的資助，過著無比奢華的生活，混雜在貴族或富裕階級的女性當中，成為巴黎高級時裝店的重要顧客。她們總是穿著最新流行的服裝，成了最受注目的時尚名媛，引領潮流。

《紅磨坊的康康舞孃》中的拉‧高露，是十九世紀末巴黎最受歡迎的康康舞孃，土魯茲－羅特列克曾經為她製作多幅海報，將她踢腿的舞姿當成主畫面，大受好評。十六歲開始跳舞的拉‧高露，在1889年取了這個藝名，自當時巴黎新興繁華區，熱鬧的蒙馬特劇場「紅磨坊」出道，迅速走紅，獲得各方的喝采與掌聲。透過土魯茲－羅特列

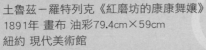

土魯茲－羅特列克《紅磨坊的康康舞孃》
1891年 畫布 油彩79.4cm×59cm
紐約 現代美術館

土魯茲一羅特列克《紅磨坊》
1892年 畫布 油彩 123cm×140cm
芝加哥 藝術中心

土魯茲－羅特列克
《在包廂中跳包列舞的馬塞勒‧倫特》
1895年 畫布 油彩 145cm×150cm
紐約 惠特尼美術館

　　克善於處理人物描寫的畫筆，我們看到身為人氣舞孃，穿著深 V 領的
性感洋裝，胸部微微地向下垂著，眼露疲態、年華漸逝的她，態度稍
嫌傲慢卻依然穿著時尚。

　　當時的康康舞孃們，大都集中在紅磨坊的沙龍裡，《紅磨坊》與
《在包廂中跳包列舞的馬塞勒‧倫特》這二幅畫，最能表現她們周旋
在富豪間的實際狀況；而《紅磨坊街的沙龍裡》衣著暴露，穿著高統
襪、高跟鞋，高高梳起髮髻的舞孃們，則最能展現當時的流行元素。

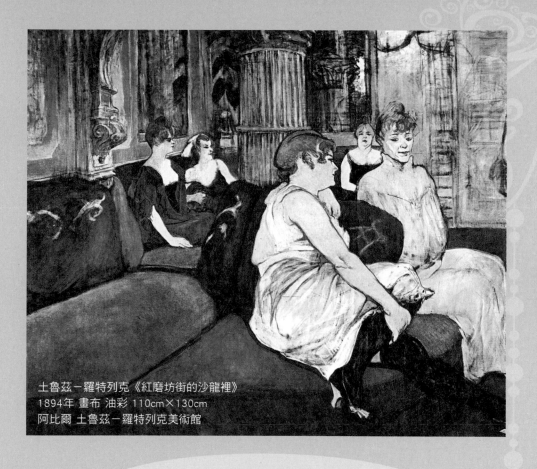

土魯茲－羅特列克《紅磨坊街的沙龍裡》
1894年 畫布 油彩 110cm×130cm
阿比爾 土魯茲－羅特列克美術館

畫家小傳

土魯茲-羅特列克

（Henri Marie Raymond de Toulouse-Lautrec, 1864～1901年）

土魯茲-羅特列克生於南法的亞爾比，是當地的貴族後裔。自幼雙
腿骨折後，下肢就停止發育，變成侏儒，可能是因為父母近親結婚
造成先天骨質不良所致。土魯茲-羅特列克大量運用日本繪畫元素
所創造的一系列精美海報作品，線條自由奔放，強烈而充滿動感，
深受大眾的喜愛，使他一躍成為巴黎街頭的知名畫家，同時也開啟
了海報藝術的創作先河。

若隱若現的美感，無論古今中外都能撩動人心。
（MaxMara 08AW Show Look）

（Jean Paul Gaultier 09SS Haute Couture）

惠斯勒
《玫瑰色與銀：瓷器王國的公主》
1864年 畫布 油彩
200cm×116cm
華盛頓 佛瑞爾美術館

異國民俗風

　　旅行一直是人們發現新奇事物、感受異國文化衝擊的重要方式。對畫家們來說，被動地留在國內等待新文化的衝擊，不如主動出外旅行，感受一下不同國家、不同民族的生活習慣，目睹並感受不同於平常的風景、空氣、陽光、色彩以及異文化的深度。帶著期待的旅程，必定能夠成為日後創作的資糧。

　　不同的時代，對於前往遙遠異國旅行的困難度也各不相同。如果能夠憑著天馬行空的想像來周遊列國，想像前往馬可波羅雖然並未親眼所見，卻被他稱做「黃金國度」的夢幻東方，應該是西歐社會最憧憬的夢想了。

　　對於熱衷中國陶瓷器、日本漆器的十八世紀歐洲來說，東方是個如夢似幻的世界。西方人對東方——包括信奉伊斯蘭教的中亞諸國，到東亞之間涵蓋的領域，一直懷抱著異國之夢。就算是交通如此便利、資訊傳遞方法不勝枚舉的今日，對他們來說，所謂東洋，還是在遙遠的那一端。

　　十九世紀後半，畫家們已不再滿足於形式化的傳統，亦即「學院派」的表現，而拚命地試著摸索出適合自己的嶄新藝術路線。也由於交通愈來愈發達，日本風也隨著中國風的腳步在歐洲吹散開來。擔任關鍵角色的，是自1851年首次於倫敦登場，而後在歐洲各地如火如荼展開的萬國博覽會。巴黎以及倫敦都出現了販售日本美術品與古董的商家，這些地方成了藝術家們流連忘返之處。美麗的和服、日本屏風及扇子等新奇商品，令畫家們愛不釋手。他們不僅購買相關的商品，並將它們繪入畫中。

布雪《中國釣魚的人們》 1742年 畫布 油彩 38cm×52cm 鹿特丹 勃尼根美術館

　　其中以浮世繪的影響最大，就連被稱作「現代繪畫之父」的塞尚、以《印象・日出》一畫，造就「印象派」的莫內、狄嘉、惠斯勒、梵谷、吐魯茲－羅特列克等多位畫家，都不約而同地受到迥異於歐洲的浮世繪風格的衝擊。他們彷彿都在浮世繪裡，將自己的畫風重新定位後再出發。

　　不只是畫家，這股日本熱潮迅速感染了周邊的文化人，再延伸至舞台劇、文學等其他領域。此外，連室內裝飾、工藝美術、服裝設計等等，也陸續受到了影響。不但菊花、鳶尾花等圖案出現在巴黎時裝上，和服也以能夠輕鬆穿著，適合作為起居服，而風靡了歐洲上流社會。十九世紀後半至二十世紀初這股被稱為「日本熱」的風潮，是歐洲藝術史上很重要的一步。

將東方配件融入西式裝扮中，仍是
當代時尚界常用的手法。
（MaxMara限量大衣款 101888）

　　以收集浮世繪出名的梵谷、將巴黎郊外的住家庭院打造為日本庭園的莫內等許多印象派畫家，究竟看見了一個什麼樣的日本桃花源呢？而毅然決然打包行囊，移居南太平洋大溪地的高更，則將他自己的思緒寄託在更遠的原始世界。他們不僅看見了樂園與異境，這些迥異於歐洲的異國更不斷地刺激著畫家們的創造力與夢想。

　　194頁的《玫瑰色與銀：瓷器王國的公主》正是揭開日本主義序幕的里程碑。1863年惠斯勒在倫敦開始創作這幅作品，畫室中充斥著和服、屏風和扇子等日本物品，而他個人醉心於日本器物的心情，則活生生地展現在這幅作品中。

　　畫中的公主一副春睡初醒的模樣，穿著凌亂的和服，握著

莫內《日本女人》
1875年 畫布 油彩
231.5cm×142cm
美國 波士頓美術館

扇子的右手顯得造作，屏風的擺設也很怪異，藍白雙色地毯及大花瓶，顯示惠斯勒對中國與日本的印象是混淆的。畫中公主的眼神茫然不知所措，給人一種極不舒服的感覺。其實，畫中的公主是希臘總領事的女兒，總領事想請人為女兒畫一幅肖像畫。當時惠斯勒正瘋狂地醉心於日本，因此，自作主張地為女主角穿上和服、配上一堆日本器物與背景，當然這幅作品最後被退了貨，但它仍是惠斯勒最具代表性的作品。

在十九世紀後半的歐洲，著名的作家龔古爾兄弟，亦沉浸於這股日本熱潮當中。在他們的日記裡，常常可以看到像是帝梭又將哪件和服買了下來，讓羅塞提既羨慕又忌妒；或者，新進的和服被惠斯勒買了去之類的瑣碎事情。可見得，在當時擁有一件日本商品是多麼的令人羨慕。

莫內是最喜歡日本風的畫家，這幅《日本女人》是他的重要作品。占了大幅畫面、擺著回眸一笑姿勢的美人，就是莫內的妻子——卡蜜兒，她時常出現在莫內的畫作當中。事實上，莫內本人對於這幅畫似乎不甚滿意，但是名為《日本女人》的這幅畫，配置了「日本風」的折扇、團扇、草蓆，正是當時流行於法國的「日本風」典型。因此，這幅畫比起莫內的其他的作品，得到了更好的評價，也賣得較高的價錢。

十九世紀後半流行的和服以及其他日本布料，如絹布，非常能夠展現日本刺繡的嶄新設計、精巧的技術與色彩，以及它特有的裝飾性。莫內曾經表示「看著日本服裝那飽和紮實的金線刺繡，便想要畫畫看。」雖然莫內除了《日本女人》這幅畫作之外，並沒有其他如此露骨的「日本風」作品，但他收集了三百幅以上的浮世繪，在《日本女人》這幅畫裡觸目所及的物品，也都是莫內本人的收藏品。

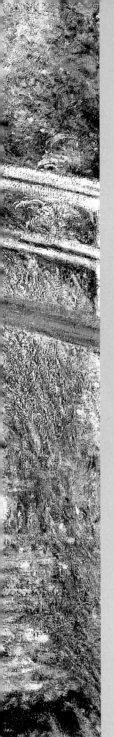

莫內《睡蓮》
1899年 畫布 油彩 89cm×92cm
倫敦 國家藝廊

　　刺激莫內創作慾望的這件戲劇張力十足的和服，是江
戶時代的戲服。持刀武士的上半身，自鮮紅的底色中浮現
出來。而輝煌奪目的布料，以及奢侈的金線刺繡，使布料
顯得更加立體。莫內並沒有錯過固定金線的細紅線，準確
地將其描繪於畫面當中，令人不禁再次佩服他敏銳的洞察
力，以及表現質感的卓越技巧。

　　莫內晚年的大作《睡蓮》系列，則是在他位於吉凡尼
的日本風庭園中誕生的。莫內於1883年移居至吉凡尼。吉
凡尼位於法國塞納河畔下游，現在仍是觀光客最喜歡前往
旅遊的觀光景點。

　　莫內在那裡建造了一個日本花園，花園裡有個蓮花
池，朵朵睡蓮飄浮於池面上，莫內還在蓮池上搭造了一座
橋，橋上綠楊垂柳隨風搖曳。莫內晚年就持續在這個他心
目中的日本風光中，完成了他的《睡蓮》系列大作。

　　要觀賞《睡蓮》系列畫作，就得前往集其大成的橘園
美術館裡的「睡蓮展示廳」。橢圓形的展示廳內，大幅畫
作將觀賞者團團包圍起來，睡蓮漂浮於寬廣的水面上，而
水面上可以望見映照其中的天空及雲彩，整個展示空間虛
實交錯、波光粼粼，讓人目眩神迷。

　　除了莫內，愛畫和服的還有法國畫家帝梭。《入浴的
日本女人》（下頁）這幅畫中的女性，和服煽情地半解，
這種穿法實在令人感到意外。雖然畫中的女人梳著日本式
的髮型，背景是純日式風格，但即便是日本人，也不會這
麼穿和服吧。

帝梭未曾到過日本，他一定是將對於日本的片段資訊拼湊起來，並加入自己的想像編織，才完成這幅畫作。《入浴的日本女人》這個題材時常出現在日本浮世繪當中，因此，從畫題就能看得出來，帝梭在腦海中構思這幅畫的時候，應該是以浮世繪為藍本。比起西歐當時密不透風的服裝，和服被認為是開放並帶著情色的象徵。

雅克・帝梭《入浴的日本女人》
1864年 畫布 油彩 208cm×124cm
法國 第戎市美術館

對當時的歐美女性來說，穿著束腹的壓迫感日益增加，因此，寬鬆的和服就這樣抓住了她們的心。在新富階層的女性之間，在家裡穿和服，也就是將和服當做家居服來穿，是一種新興的流行風尚。

　　請雷諾瓦來畫肖像畫的巴黎羅浮百貨大股東夫人——赫瑞夫人好煩惱，「該穿什麼才好呢？」赫瑞夫人最後選擇了引起社交界話題的新款家居服「日本和服」，雖然看起來不太像，但她身上穿的的確是日本和服。不過，她以法國式的穿法，先穿了一件高飽和度橘色的單色洋裝，再套上和服，並繫上與洋裝同色的腰帶，一方面可以顯示她對時尚的眼光，另一方面也能展示她的家庭財力。畢竟，能夠這麼隨意的穿著和服在家裡活動的有錢人並不多。這幅《赫瑞夫人》（204頁）可說將和服融合在法國的流行時尚裡。

畫家小傳

梵谷（Vincent Van Gogh, 1853～1890年）

梵谷是荷蘭奧倫達地方的人，在巴黎期間曾受到印象派和日本浮世繪的影響。三十五歲時，因嚮往明亮的太陽而移居地中海畔的阿爾（Arles），以實現與其他藝術工作者共同生活，共同勉勵創作的「南法工作室」的夢想。他邀請了高更與他同住。從他發病割掉自己的左耳後，數次進出精神病院。《阿爾的寢室》即是描繪在「南法工作室」期間梵谷的房間。

雷諾瓦《赫瑞夫人》
1882年 畫布 油彩 65cm×34cm
德國 漢堡美術館

梵谷《慕絲蜜》1888年7月
畫布 油彩 74cm×60cm
華盛頓 國家畫廊

雷諾瓦仔細地勾勒出赫瑞夫人臉部的表情與神態，並準確地描繪了她精挑細選的服裝。雷諾瓦在成為畫家之前，曾經擔任陶器的繪圖工人，因此，熟知牡丹、藤以及水紋這些日本裝飾花紋的樣式，描繪起來也十分得心應手。

赫瑞夫人的和服材質是白絹，上有紫、緋紅及群青的多彩彩染以及刺繡的設計，是日本江戶時代後半，武家女性所穿著的典型和服。歐美各地的美術館以及博物館裡，展示了很多這種款式的和服，也可以讓我們了解當時和服流行的狀況。到了二十世紀，歐洲的人們依然喜愛將和服當做家居服穿著。

梵谷也是個日本迷。在梵谷的畫作裡，也有直接臨摹自己所收集的浮世繪的作品。例如《獻給高更的自畫像》，就是梵谷將自己畫成日本僧侶的自畫像。不僅如此，浮世繪那沒有陰影、以平面來表現物體的手法，也大大地影響了梵谷的藝術創作。

梵谷一直深信日本是個桃花源，不只是因為浮世繪的流行，也因為他自己把日本理想化的原因。其實他從來沒有到過日本，也沒有日本的朋友，梵谷對於日本人的印象，似乎單純的來自皮耶爾·羅蒂所著，在1887年出版的小說《菊子夫人》，以及1888年開始出版的《藝術日本》雜誌的報導。梵谷從中創造了自己理想中獨特的日本桃花源。

《慕絲蜜》（205頁）中的模特兒並不是日本人，而是梵谷移居南法阿爾當地的少女。梵谷十分中意前述的暢銷作品《菊子夫人》裡出現的場景，在這本書的初版裡繪有一些插圖，因此，梵谷就以這些插圖做為藍本，賦予自己的印象，創造專屬於他的日本樣貌。慕絲蜜手中的夾竹桃，對於梵谷來說，是與愛、烏托邦合為一體的神聖花卉。

SPORTMAX 2007秋冬在米蘭服裝秀上展
示的這件秀服，展現了濃厚的異國風情。
（SPORTMAX 07AW Show Look）

雷諾瓦《採花》
1876年 畫布 油彩 81cm×65cm
美國紐約 大都會博物館

時髦的孩子們

仔細觀察名畫當中成人的服裝，可以發現許多當代時尚流行的元素；那麼在孩子身上，是否也可以看見影響現代兒童服裝設計的流行細節呢？

十九世紀後半，是童裝真正脫離成人服裝的影響，真正達到為兒童的需要而設計，並且開始關注童裝功能的關鍵設計時刻。孩子們不再穿著縮小版的成人服裝，而是以更舒服、更具活動性的設計來製作屬於孩子們的服裝，而且，男孩比女孩更早享受到服裝的舒適性與便利性。雖然在1860年左右，已經有人開始反對用緊身的胸衣來壓迫女孩們的身軀，但她們要一直等到1880年左右，才能擁有舒適、合宜的衣服可穿。

喜歡以兒童為主題創作的畫家其實不少，例如：描繪一般平民孩子生活百態的卡拉瓦喬；筆下畫出充滿時代感的兒童風俗畫系列的夏丹；擅長描繪街頭貧童的慕里歐；熱衷描繪氣質美少女的雷諾瓦；創作甜蜜而優雅的芭蕾舞者的狄嘉；呈現出眼中最美麗的瑪格麗特公主的委拉斯蓋茲；惠斯勒筆下充滿日本風情的文靜少女……。畫中少年、少女們的天真神韻、無邪的眼神，都令人難以忘懷。

狄嘉似乎對大人真的沒有什麼興趣，跟孩子們在一起反而可以玩得很開心。聽說他非常喜愛他的姪子與外甥。由於畫家的眼睛總是冷

静、敏銳地觀察著即將入畫的對象，難免會帶著諷刺、犀利的眼光來看待他們所看到的大人。但是，當畫家的眼光放在孩子身上時，預設的立場就會漸漸地消失，轉而變得柔軟、平靜。不管在什麼時候，任何人都會因為孩子們的淘氣、可愛、純真、正直、自由奔放，而感到幸福與快樂。

屬於孩子的童裝設計

1846年所創作的這幅《穿著水手服的愛德華王子》（213頁），正是男孩童裝的流行代表。這個穿著水手服的五歲可愛男孩，是英國王子艾伯特·愛德華（1841～1910年），獲封威爾

▲卡拉瓦喬《手持一籃水果的男孩》
1594～1596年 畫布 油彩 70cm×67cm
羅馬 博爾蓋塞畫廊

▼慕里歐《靠著陽台的兒童》
1670～1675年 畫布 油彩 52cm×39cm
倫敦 國家畫廊

慕里歐《賣水果的小姑娘》
1670～1675年 畫布 油彩 148cm×113cm
慕尼黑 舊繪畫陳列館

斯親王），他的母親是維多利亞女皇，父親是艾伯特親王。

原本就以創作皇室肖像畫著名的溫特哈爾特，畫了這幅穿著水手服裝的王子，頗受大眾好評，自此之後，水手服便成為男孩們的流行服裝。到了1920年代，水手衣領的短上衣與百摺裙的組合，廣受歐美國家女性的歡迎。愛德華王子穿著的這套白色水手服，是由專門製作英國王室遊艇船員制服的服裝店，特地為他量身打造。水手衣領的短上衣、喇叭褲、領結、帽子一應俱全。這整套服裝，目前展示在英國海洋博物館中。

維多利亞女皇統治期維持了很長一段時間，威爾斯親王與他的母親，關係十分疏遠，等到他在1901年繼位為愛德華七世時，都已經是個六十歲的老人了。繼位之前的威爾斯親王，憑著天生風流倜儻、風度翩翩的魅力以及豐富的人脈關係，風靡了巴黎的社交圈。他可說是十九世紀末，被讚譽為「美好年代」的巴黎，最有名氣的萬人迷。

畫家小傳

慕里歐（Bartolome Esteban Murillo，1671～1682年）

慕里歐生於塞維爾，十歲時成為孤兒。青年時期，專門從事以西班牙殖民地為對象的宗教畫。藉著豐富的色彩，夢幻的表現，巧妙地將抵抗宗教改革時期的民眾信仰融入繪畫中。作品散見於塞維爾的大教堂、教會和修道院。著名的有《聖母與聖子》等作品，深刻掌握了聖母瑪利亞的神韻。

溫特哈爾特《穿著水手服的愛德華王子》
1846年 畫布 油彩 127cm×88.3cm
英國溫莎 皇家收藏

惠斯勒《灰和綠的和諧》
1872～1873年 畫布 油彩 190cm×98cm
倫敦 泰德畫廊

惠斯勒喜歡灰與白的設計，顏色對他來說好像是多餘的，他的創作風格深受日本浮世繪的影響。雖然惠斯勒不喜歡使用太亮麗的顏色，但他的作品依然充滿華麗的氛圍。在這幅《灰和綠的和諧》上，可以看見惠斯勒費了許多的心力，壓抑著無色彩的灰、白、綠，卻讓它們和諧地呈現在我們的眼前，如此樸素的顏色竟能將少女粉色的肌膚、柔軟的金髮完全突顯出來。

據說少女身上這件時髦的洋裝，是惠斯勒親自設計的，白、灰、綠的完美搭配如此別緻而協調。別在腰帶上的花朵、層層疊疊的內裙與外裙，直到二十一世紀的現在，依然是許多小女孩夢想中最美麗的衣裳。黑色氈帽的羽毛裝飾，配上黑色的鞋子，顏色濃淡合度，這樣的穿著的確達到了完美的境界。稍稍透明的白色洋裝應該是以「細麻布」做成的，看起來既柔軟又舒適，據說，惠斯勒在設計服裝時連到哪裡購買相同的布料、如何裁剪、縫製，都會記錄得十分詳細。

同一時期馬奈在這幅《鐵道》（216頁）的作品中，描繪的小女孩穿著幾乎與現在孩子們穿的衣服沒有兩樣。小小的肩帶綴著荷葉邊，高腰式的剪裁為孩子留下很大的活動空間，藍色的大蝴蝶結繫在身後，裝飾著孩子的甜蜜可愛感覺，及膝的裙長幾乎與二十世紀的童裝沒有差別。

馬奈《鐵道》1872～1873年
畫布 油彩 93cm×114cm
華盛頓 國家畫廊

　　另一位最喜歡描繪兒童的是雷諾瓦。《坐在椅子上的女孩》（219頁）將主角喬治葉渾然天成的姿勢和可愛的模樣，描繪得栩栩如生。

　　喬治葉的父親是當時巴黎屈指可數的出版商——卡賓特。當時的名作家如：莫泊桑、龔古爾兄弟等人的作品，都是交由他來出版。而他的妻子是社交圈裡的名人，也是頂級文藝沙龍的女主持人。由畫面中厚重的地毯以及日常用品，就可以看出這是富裕人家的起居室。他們的長女喬治葉，當時只有四歲。

　　貧窮畫家雷諾瓦當初能夠進出上流沙龍，是因為1875年時卡賓特買了他的一幅畫作，在那之後，卡賓特夫婦就開始請雷諾瓦為他們的

家人畫肖像畫。

　　這幅肖像畫中的喬治葉，穿著一件藍色洋裝，後方繫著大蝴蝶結。就一件童裝而言，它高貴的法國氣息令人摒息。齊肩的金髮，與小女孩無邪的靛藍雙眼，相互輝映。而畫作的焦點其實在於白色的蕾絲邊，與紅色的珊瑚項鍊，雷諾瓦將喬治葉的可愛，透過畫面生動地傳達出來。

　　雷諾瓦的另一幅作品《卡賓特夫人及孩子們》（218頁），也是描寫卡賓特的家人。小說家普魯斯特第一次看到這幅作品，是在卡賓特家看到的。事後他回想這幅作品，「就會被那優雅的宅邸和完美的女主人所感動」。畫作後方放置著東洋屏風，可見當時藝文界人士流行的風尚。這幅畫有個非常有趣的地方，那就是比較小的那個孩子，其實是男孩。當時流行將小男孩打扮成女生，這孩子也因此穿著跟姐姐一樣的洋裝。

　　無論是惠斯勒的《灰和綠的和諧》或者是雷諾瓦的《坐在椅子上的女孩》，畫家都不約而同地選擇以蕾絲，來表現兒童服裝中的典雅與高貴。無論是成人或是兒童，蕾絲的裝飾效果，確實最能彰顯富有家庭的身份、地位。

雷諾瓦《卡賓特夫人及孩子們》
1878年 畫布 油彩 153.7cm×190.2cm
紐約 大都會美術館

　　兒童服裝的改變，也可以從《卡蒂爾‧孟戴斯的女兒們》和《鋼琴前的年輕女孩》（220～221頁）這二幅畫中的女孩服裝看出來。卡蒂爾‧孟戴斯是當時一位很有名望的詩人，他邀請雷諾瓦為他的女兒們畫肖像畫。不過據說當時他並不富有，只給了畫家一百法郎的酬勞。

　　這些作品中，洋裝幾乎是畫中女孩們唯一的穿著選擇。連身的棉質印花洋裝，已經不再用緊身衣約束女孩們的身體，洋裝的剪裁與線條比以前寬鬆許多，活動性也被放寬了。除此之外，小女孩們的裙子也變短了，露出了小腿，穿著黑色的中長襪，顯得非常端莊、可愛。而蝴蝶結除了是衣服的重要裝飾之外，也是頭髮上重要的裝飾品。和喬治葉的服裝相比，這或許是一般家庭的典型服裝，因此，不再有大

雷諾瓦《坐在椅子上的女孩》
1876年 畫布 油彩 98cm×70.5cm
日本東京 石橋藝術博物館

雷諾瓦《鋼琴前的年輕女孩》
1892年 畫布 油彩 118cm×89cm
巴黎 私人收藏

量的昂貴蕾絲,反而顯得輕鬆許多。

雷諾瓦以他獨特的創作技法,營造出專屬於雷諾瓦的玫瑰色氛圍,尤其在描繪孩童的神韻時,他可以完全拋開成人世界的桎梏,盡情地勾勒屬於他那幸福滿溢的夢幻王國。

此時的成人服裝仍然停留在十九世紀,總是顯得有點過於誇張,但女孩的童裝已早一步跨進二十世紀的門檻,與現在的服裝已經沒有什麼太大的差別了。

畫家小傳

雷諾瓦(Piere-Auguste Renoir, 1841～1919)

雷諾瓦是法國的印象派畫家,出生於利摩市,曾從事陶瓷的繪圖工作,爾後正式學畫。使用分割筆觸,捕捉戶外光影流轉的印象,留下數量眾多的風景和肖像畫。在經過了「危機」時代後,其畫風丕變,在後期達到了以豐富色彩讚美人生的畫風,其代表作有《浴女》等。

狄嘉《貝雷利家族肖像》
1858～1867年 畫布 油彩 200cm×250cm
巴黎 奧塞美術館

是教養還是單調古板

　　這張家族肖像，是在狄嘉的姑姑喪父──也就是狄嘉的祖父過世
──之後畫的。狄嘉的祖父是拿坡里的銀行家，狄嘉的父親則擔任巴
黎的分行經理。位於佛羅倫斯的貝雷利家，是狄嘉姑姑的夫家，畫中
兩個少女就是他的表妹。這幅作品在狄嘉早期的肖像畫創作中，佔有
相當重要的地位。

室內擺設及家具顯露著貝雷利家的富足生活，穿著喪服的姑姑，不知是否因為十分悲傷而表情僵硬。狄嘉畫這對姊妹畫了好幾次，姊姊將手交叉在前方的姿勢，明白地呈現了她一絲不苟的性格。坐在椅子上，穿著白長襪、黑短靴，踢著腳的是妹妹。妹妹與姊姊個性截然不同，她隨意將雙手置於腰間的模樣，讓人發現她自由奔放的個性。雖然都穿著黑衣，但兩人南轅北轍的個性，還是一眼就能夠分辨出來。

　　由於是親生父親過世，因此姑姑從頭到腳一身的黑色，反觀她的先生，已經脫掉了喪服。孩子們雖然穿著黑色的服裝，但是洋裝的衣領、及胸前的素面圍裙、長襪，還是沖淡了些許肅穆的氣氛。

　　在十八世紀以前，並沒有所謂「童裝」的概念，因此，孩子們的衣服都只是按照成人的樣式，直接製作縮小版。到了十九世紀，成人與孩童的服裝開始不同，特別是女孩們穿兒童用的長襪變成一種習慣。到了二十世紀，童裝與成人服裝的設計已經相去甚遠。

畫家小傳

狄嘉（Edgar Degas, 1834～1917年）

狄嘉出生於銀行世家，就讀於法律學院，後來進入國立美術學校，拜倒於安格爾的畫作之下。他的素描技巧純熟精練，藉著掌握對象動作的瞬間，將流暢的線條飛快地表現於畫布上的獨特技巧，保存了法國近代生活的各種片斷景象。1865年以後，除了芭蕾舞女之外，也以賽馬、洗衣女等身邊常見的題材為作畫主題。

在西歐選用黑色服裝做為喪服是慣例。進入十九世紀，人們在全盤考量之後，決定了穿衣服的基本禮節，就連喪服都仔細地制定了嚴格的規矩。雖然說喪服是黑色的，但並不表示黑色的衣服都是喪服。1861年，受到維多利亞女皇參加艾伯特親王喪禮時穿著的服裝影響，十九世紀後半，人們開始喜好黑色的服裝及配件，直至今日，黑色都被視為是俐落、時髦、大方的顏色。

皇家童裝

長久以來，在上流社會的家庭裡，養育孩子是家庭教師的工作，母親的角色顯得模糊不清。盧梭在1762年出版的《愛彌兒》一書中就曾經指出，母親應該負起哺乳與教育子女的責任，並提倡所謂的新育兒法，這個先進的想法，顛覆了過去上流社會的傳統思維，在當時引起轟動。這個新的觀念，使人們開始慢慢了解，孩子不是成年人的縮小版，孩子有專屬於他們自己的獨特世界。但一直到十八世紀，討論孩童議題的書籍還是非常的少，對後人來說，要研究當時的兒童教育現象，繪畫成了重要的研究資料。

222

霍加斯《葛蘭的孩子們》
1742年 畫布 油彩 160.5cm×181cm
倫敦 國家藝廊

委拉斯蓋茲《八歲的公主瑪格麗特肖像畫》
1659年 畫布、油彩 127cm×107cm
維也納 藝術史博物館

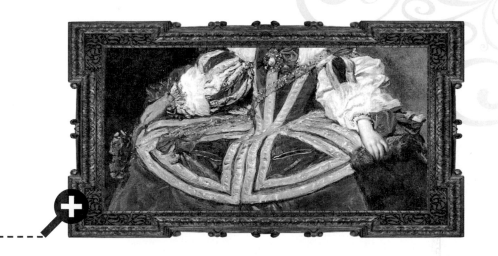

　　霍加斯擅長畫風俗畫，而《葛蘭的孩子們》（225頁）中描繪的雖然是一般平民家庭中的孩子，但也是富有的藥劑師的孩子。不管是哪個孩子，臉上都掛著幸福的表情，豐腴的臉頰要比大女孩手中的櫻桃更加圓潤可愛。男孩、女孩甚至是小嬰兒，他們的服裝與當時流行於成年人間的服裝一模一樣。像是當時女性流行穿著裝飾花朵的無邊帽、圍裙，男孩身上的時髦西裝，也與成年人的服裝同個款式。只是，光看畫沒有辦法分辨左邊的小嬰兒是男孩，還是女孩？雖然看得出來他（她）穿的是女孩子的衣服，但是那個時候人們習慣讓男嬰穿著女孩兒的衣服。

　　西班牙宮廷畫家委拉斯蓋茲，長期為皇室成員繪製肖像畫，不論是畫國王、皇族，還是宮廷小丑、侏儒，他都同等看待，用平等心來審視他們，因此，他的肖像畫具有高度的感染力。這幅《八歲的公主瑪格麗特肖像畫》，與《侍女》（230頁）一畫中五歲時稚氣的小公主已截然不同。三年的時間，讓瑪格麗特原本無憂無慮的天真神態，轉為散發成熟的尊貴氣息。從這幅畫當中，尤其可以觀察當時的社會正在流行什

委拉斯蓋茲《卡洛斯王子騎馬像》1635年 畫布 油彩 209cm×173cm 馬德里，普拉多美術館

麼？小公主披著一頭金髮，身著藍色系禮服，頭戴綠色的髮結，畫中的皮手套、長裙褶邊和飾帶與繁複的蕾絲裝飾，帶著華麗、雍容、高雅的時尚元素。在蓬裙上再加一件小裙子的設計，是當時西班牙最流行的穿著樣式，在小裙子上還特別開了二個方便的小口袋，可以擺放像手絹之類的小東西，而象徵皇室尊貴的金色飾帶則特別顯眼。

《卡洛斯王子騎馬像》，則將皇室尊貴的氣質表露無遺。騎在馬背上的王子穿著金碧輝煌的騎馬裝，金線的繁複刺繡與金色的裝飾滾邊，完全是大人樣式的翻版，飛揚的粉紅色皇家飾帶，讓王子更顯威嚴。雖然在這幅畫當中的小王子還只是個小孩，但卻是未來王位的繼承人，小小年紀的他，臉上的神情與大人無異，堅定的眼神與冷靜的表情，令人生畏。這幅作品是要用來裝飾大廳門口上方的，因此，委拉斯蓋茲在仰望的視角考量下，扭曲了透視上的某些比例，以符合從下往上看時的比例關係。

畫家小傳

委拉斯蓋茲

（Diego Rodriguez de silva Velazquez, 1599～1660年）

1599年，繪畫史上偉大的「宮廷畫師」之一的委拉斯蓋茲出生在塞維爾。終其一生，他只侍奉過西班牙菲利普四世一位國王。1623年，他受邀為國王畫肖像，那是他人生的轉捩點，自此開啟了他的宮廷畫師生涯，為眾多貴族王室繪製肖像，並確立了其在肖像繪畫史的重要地位。1660年，他因張羅慶典活動過度疲勞導致病魔纏身，同年八月溘然辭世。

委拉斯蓋茲 《侍女》
1656年 畫布、油彩 318cm×276cm
馬德里，普拉多美術館

再來看看《路易十四與他的家人》。坐在椅子上的路易十四，將他的手伸向一個穿著華麗女裝的孩子，但這個孩子是路易十四兩歲的皇孫，是未來即位為路易十五的王子。雖然不清楚真正的原因，但當時在上流社會，會讓男孩子著女裝直到四、五歲。這個習慣持續到二十世紀初。

站在王子身後的是他的家庭教師——曼特農夫人（後來與路易十四祕密結婚，成為路易十四的第二任妻子），她手中握著綁在王子身上的細繩，而就算是現在，到了歐美國家，也能偶爾看見媽媽們像這樣將繩子綁在正在學步、走路歪歪斜斜的孩子身上。

拉吉利葉《路易十四與他的家人》1711年
畫布 油彩 尺寸不詳 倫敦 華萊士收藏館

在過去，並沒有所謂的童裝，兒童穿的衣服不過是成人服裝的縮小版。直到十九世紀，才有針對兒童設計的服裝。現代童裝的設計，除了著重舒適與功能性，更演化到跟隨時尚潮流，除了好穿，更要好看。（Burberry Children AW 09）

國王的秘密通道

西班牙國王菲利普四世的房間裡，有一條秘密通道。是戰備跑道嗎？不是的；那是私會情婦的捷徑嗎？也不是。

菲利普四世可是史上擁有最多個人畫家的國家統治者。酷愛藝術的他，乾脆建造直接通到宮廷畫師工作室的「快速道路」，公務之餘，就跑去看看他們的工作情形，要不然，就是要他們為自己多畫幾張肖像畫。想當然耳，最靠近國王房間的畫室，應該就是國王的「最愛」。

菲利普四世每天習慣走過這個通道，用鑰匙打開這間畫室的門，坐在那張國王的專用椅子上，觀看著這位畫師工作，除了他，誰也沒有資格畫自己的肖像畫。到底是誰受到菲利普四世如此的青睞？如此待遇尊榮，又像時時受人監禁的，就是被稱為現實主義大師的巴洛克藝術家——委拉斯蓋茲。

委拉斯蓋茲的《侍女》也是一幅很有趣的作品。畫面呈現的是穿著華麗的瑪格麗特公主，正被一群侍女圍繞著伺候的模樣，公主的後面還有一道門，門邊站著一位把關的內侍官，好像怕有人不小心會闖進來騷擾了屋子裡的活動，門後面應該還有另一間房間吧！畫面前方的侍女們，還有一位年紀稍長的侏儒，最右邊的那位女侍還調皮的把自己的腳踩在大狗身上。這幅畫究竟想表現什麼呢？牆上的鏡子透露了玄機。鏡子裡反映出西班牙國王菲利普四世與皇后瑪麗亞娜的身影，原來國王夫婦正在畫家的前方擔任模特兒，由宮廷畫師委拉斯蓋茲來幫他們畫肖像畫，難怪需要有人在門口把關了。畫面左邊拿著調色盤與畫筆的就是畫家本人，他的前方擺放著一個巨大的畫布，看來委拉斯蓋茲一併將自己也融入創作中了。這幅作品十分傳神的將在畫室當中發生的所有事情都紀錄了下來，但主角卻隱藏在畫面的鏡子當中。

一定要看的世界時尚博物館

在世界各國都有許多的美術館以及博物館，但在這裡，我們要
推薦一些特別的時尚博物館，有機會前往這些國家的時候，千
萬不要錯過了。

▮▮ 法國

1. 巴黎市立流行服飾博物館

　　巴黎市立流行服飾博物館，與羅浮宮服裝藝術博物館一同見證巴黎服
裝流行的歷史。

　　1956年成立，於1977移到現地卡列拉宮（Palais Galliera）。以1920年
受贈自巴黎歷史文物美術館的收藏為母體，現在已有約六萬件收藏。主
要的收藏品包含十八世紀到現在的巴黎流行服裝，十九、二十世紀的晚
宴洋裝非常豐富，也能看到騎馬以及運動用服。博物館也陸陸續續地收
集了年輕設計師所設計的服裝，因此，流行尖端的迪奧（Dior）、香奈兒
（Chanel）當然是必收品。雖然沒有常設展，但一年中會舉辦一至兩次的
主題展覽。

2. 羅芒市立國際鞋類博物館

　　這是一間位於法國鞋子生產地的博物館。成立於1971年，其收藏基礎
是為了活化鞋子生產，而從市面上購買的兩千雙鞋子。常年展示從古至今
的鞋子，展覽「一足一世界」的歷史。另外，還展示了收集自世界各地的

藏，像是中國的三寸金蓮、沙漠子民圖阿格雷族不陷入沙中的鞋子。主要的收藏品有埃及涼鞋、威尼斯軟木高底鞋等貴重作品，以及巴洛克、洛可可時代足以與藝術作品匹敵的鞋子，十九世紀中期開始以機器生產、重視實用性的鞋子，甚至是二十世紀著名鞋子設計師Andre Perugia的作品。除了製造鞋子的技術面，也記錄了屬於文明見證的藝術面。

3.羅浮宮服裝藝術博物館

世界三大時尚博物館之一。

位於羅浮宮的麗弗里路邊的巴黎裝飾博物館之一。於1986年開幕，並於1997年時成為符合時尚城市巴黎形象的時尚博物館。大約每半年左右，館方會選定一個新的主題陳列展覽。

收藏品包含了服裝以及紡織品，總數達八萬件以上。其中除了巴黎裝飾博物館所收藏的美麗紡織品之外，還包含了法國服裝藝術協會（UFAC）收集的服裝，以及歷史上具有紀念價值的作品。像是自安提諾烏斯（Antinous）遺跡中發掘出來的古埃及織品、文藝復興時代的紡織品、約瑟芬皇后在授冠儀式上穿著的長靴，以及保羅・普瓦雷（Paul Poiret）的手稿、瑪德

蓮恩・維奧奈特（Madeleine Vionnet）自己寄贈的作品，以及現在設計師的作品，幾乎網羅了所有法國的流行服裝。

另外在四樓的資料中心還保管了二十二萬張的照片、五萬幅版畫以及設計圖、以及三十萬筆幻燈片、圖書與雜誌，並提供外人借閱。

4. 路易・威登（Louis Vuitton）博物館

這間博物館紀錄了路易・威登的產品以及手提袋的歷史，在此可以感受結合創新與傳統的百年企業——路易・威登的歷史，以及各個時代因應交通工具而產生的旅行方式。博物館裡展示了極盡奢華的獨特訂製品，以及配合用途與時代的作品。不公開展覽。

5. 法國軍事博物館

收藏了多數軍服的博物館。

於1905年與原有的軍事史博物館與槍術博物館合併而成立。以法國軍隊的史物為中心，西館展示了從古至今的武具、武器、刀劍、盔甲等收藏，東館則是展示了拿破崙的隨身用品以及軍服。

當權者用來揚威耀武的軍服，除了威嚴與機能性之外，還必須光鮮亮麗，因此自古就受到女性服裝的影響。自拿破崙一世時代的輕騎部隊開始，到第一次世界大戰，還有第二次世界大戰的軍服，均受到時尚很大的影響。大量可觀的軍服收藏，傳達了法國服裝史的其中一面。

6. 里昂紡織品歷史博物館

博物館位於自古就是絹織物中心的里昂。

1890年成立。常年大範圍展示以眾多技術製作的染織品，也以主題展的方式展示服裝。除了里昂製的絹製品以外，還展示了以埃及為首，像是拜占庭帝國、文藝復興時代等東方織品。總共有四百萬件的收藏，雖是以十二世紀至十八世紀的宗教相關的織品為主，但也收藏了大量十八世紀以後用於服裝的織品。自1995年開始建立資料庫以來，便能夠透過螢幕點閱收藏，完成之後，更可以透過螢幕搜尋歐洲、日本、中東等各國的染織品，以及十八世紀末期至十九世紀初期的里昂服裝製造商等資料。

7. 印花棉布博物館

是被稱為印花棉布的法國棉布專門博物館。1991年將館名更改並遷徙至現在地。展示的作品均產自奧貝爾康普夫區，呈現了十八、十九世紀流行的印花棉布全貌。其中包括了床罩、窗簾、洋裝、印刷用的設計圖、紙樣、以及印刷用的器具等。

8. 馬賽服裝博物館

馬賽市立博物館的服裝區，成立於1993年。以1930年代之後的作品為中心，收藏了包括街頭時尚等的現代服裝以及活用地域性的沙灘服裝。全年展出主題式的展覽，也開放一般大眾使用與地中海服裝研究所共有的共同資料室。

德國

1. 符騰堡州立美術館

　　除了其他藝術品之外，也收集服裝的美術館。服裝約有四百件，配件則有約一千件。平常會展示三十至四十件不等的服裝。以宗教服裝、織品（特別是蕾絲）著名。在同時也是收藏庫的閱覽室能夠借閱這些紡織品，而圖書類則是在州立藝廊（國立美術館）的圖書室內開放閱覽。在奧斯卡·舒林瑪藝廊則重現了包浩斯的舞台服裝。

荷蘭

1. 海牙現代博物館：荷蘭服裝美術館

　　荷蘭重要的綜合博物館。

　　1936年舉辦首次服裝展之後，開始收集服裝，而後加入收集及保存第二次世界大戰文物的行列，成立了後援會。之後，便以荷蘭服裝博物館的形式，整合市立美術館的收藏品以及後援會的寄贈品、收集項目等，在市立美術館裡獨具一格。為了改裝而閉館兩年，1998年10月重新開幕，並開設了服裝專用的常設展示區。

　　收藏品包括服裝類、版畫等約有五萬五千件以上。其中十八世紀至今的服裝更是充實。為表徵與日本於江戶時代的貿易關係，也藏有十五件男性起居服日本晨袍。夢妮詩（Molyneux）、巴黎世家（Balenciaga）、迪奧等高級品牌為收藏品當中重要的一部份。

2. 阿姆斯特丹國立美術館

代表荷蘭的綜合美術館。當中服裝屬於雕刻工藝區,收藏品均為荷蘭製品,或者是荷蘭人慣穿的服裝。藏有十七至十八世紀的服裝約七千五百件。而男性起居服日本晨袍中有來自日本的貴重舶來品。常設展中展覽的服裝雖然不多,但半年即會輪替一批服裝。

3. 鹿特丹布尼根美術館

此美術館會在裝飾藝術區舉辦最新流行的設計師作品展覽會。1997年,馬杰拉(Martin Margiela)將黴菌培養於自己的作品裡,並於展期中持續增殖,完成了名為「Martin Margiela」的展覽,是服裝展覽會的一大創舉。館內收藏了川久保玲設計師品牌(COMME des GARCONS,意為「像個男孩」)、馬杰拉的服裝。

██ 義大利

1. 碧提宮（衣飾博物館）

　　開設於綜合博物館內，是義大利第一間服裝專門博物館。展示了五十件左右十八世紀以後的服裝，現在則為閉館狀態。一千件左右的收藏品以十八世紀的服裝為核心，並有配件、巴黎高級品牌與義大利設計師的作品。

2. 費洛加蒙（Ferragamo）鞋子博物館

　　設計師薩爾瓦多・費洛加蒙（Salvatore Ferragamo）的鞋子博物館。於1995年開館。收藏品包含了約一萬件他1927年至1960年的作品。展示精挑細選的兩百雙鞋子，以及有名女明星訂製鞋的模型。若要參觀請提前預約。

匈牙利

1. 匈牙利國立博物館

2. 布達佩斯工藝美術館

　　匈牙利國立博物館十分符合盛極一時的帝國形象，藏有一萬五千五百件左右與皇室有關或在匈牙利史上發光發熱的服裝。而布達佩斯工藝美術館，則是收藏了手工藝先進的匈牙利所生產的染織品以及16世紀至20世紀初的服裝。兩館都沒有常設展，只有主題展。

奧地利

1. 維也納市立歷史美術館服裝區

2. 維也納國立藝術史博物館皇家寶藏

　　市立歷史美術館服裝區收集了以服裝為中心的一萬七千件收藏品。其中包含二十世紀初維也納工房所出產科羅曼・莫塞（Koloman Moser）等人的作品。常設展及收藏庫位在有別於美術館本館的地點，而併設的圖書館收藏著一萬兩千冊與服飾相關的圖書。

　　而國立美術史美術館皇家寶藏，則是收藏了哈布斯堡王朝時代的儀式用服等皇家服飾以及染織品。

🏴 西班牙

.巴塞隆納織品服裝美術館　　　唐‧洛卡茉拉收藏

　　西班牙最大的織品、服裝美術館。設立於1965年，二樓的常設展以及一樓的主題展區，展示古埃及以來的紡織品以及十六世紀以後的服裝。服裝部份，收藏了十六世紀直到現在的珍貴服裝，共計有兩千件左右，讓觀賞者可以清楚地了解從古至今時尚的趨勢。其中也收藏了西班牙設計師名牌，像是巴黎世家（Balenciaga）以及帕克‧拉邦納（Paco Rabanne）等品牌的作品。

🏴 澳洲

.澳洲國立美術館

　　以收藏舞台服裝以及十九世紀之後的服裝聞名。服裝屬於國際裝飾區，約有一百二十件，收集了十九世紀末直到現在具影響力的設計師作品，而配件則是有一百件左右。此外，藏有狄亞格列夫（Serge Diaghilev）芭蕾舞團的舞台用服等，共計約有五百件。

🏴 加拿大

1.貝塔鞋子博物館

　　自世界各地收集的鞋子博物館。貝塔鞋商成立於1995年，已有一萬件左右鞋子以及相關產品的收藏。其中包含十六世紀義大利的軟木高底鞋，以及現代的西歐鞋，甚至還展示了包含北方因努伊特族的民族鞋。

1. 曼徹斯特市立美術館　　服裝部

雖是綜合美術館，但其服裝收藏非常豐富。

1947年成立服裝部門，而服裝別館也同時開幕。常設展部份展示了十七世紀以來的服裝史，亦向參觀民眾解說了何謂「穿著」。曼徹斯特棉花產業相關服裝的展覽，更是緊密結合了地域性及社會性。

收藏品約有一萬八千件，以英國服裝史學者卡寧頓大量的收藏為核心，遵循從誕生到死亡的收藏方針，網羅了從洗禮式到告別式，高級時裝到工作服，而十八世紀、維多利亞時代的作品，與現今的設計師作品形成了鮮明的對照，是令人印象深刻的收藏品。

每個星期二到星期六開放的服裝館，每天的開放時間會因季節而改變。

2. 蘇格蘭皇家博物館

在裝飾美術這個領域與維多利亞與艾伯特博物館齊名，代表了英國的綜合美術館。自成立的1854年以來持續積極地蒐羅，總共收集了四萬件以上的紡織品，包含了有產自里昂或斯皮特爾菲爾茲的絹織物，十八世紀末期至十九世紀初期的印花棉等。1950年代亦開始收集服裝，約有九千件收藏品，其中包括了十七世紀用於西洋劍劍術的緊身上衣等貴重物品。

而以收藏保存狀態良好可供陳列的作品、歷史由來十分清楚的作品、代表時代時尚的作品為方針。並以充實第二次世界大戰之後服裝的收藏為目標。一年半或兩年會將收藏品輪替展示，而別館香貝爾僅有夏季開放參觀。

3. 巴斯服飾博物館

位於古代羅馬時代開發的溫泉地——巴斯的服飾美術館。

1963年設立，曾一度休館，而於1991年重新開放。展覽包含盡可能再現當時情景的常設展，以及主題展覽。藏品以寄贈巴斯市的個人收藏為基礎，逐步擴充，包含了十六世紀後半到現在，以各時代服裝風格為軸心的各行各業服裝、工作服，以及英國皇家相關的服裝等，其中，十七世紀完整的婦人洋裝尤其珍貴。

做為美術館的別館，服裝時尚研究中心於1974年成立，備有收集了時裝圖樣、照片及服飾文獻等資料的圖書室，提供了相關服飾問題的參考資訊。

4. 維多利亞與艾伯特博物館　　織品部與洋裝部

世界三大時尚博物館之一。設立於1852年，並於1899年改為現在的館名。以世界代表的裝飾藝術殿堂聞名的這間美術館，以生活美術、應用美術等廣博而大量的收藏品為特徵，而服裝做為美術‧工藝品，與紡織品一同構成收藏的主要部份。

服裝的常設展覽室，展示了兩百件左右自1600年至現在的服裝，以及配件類等時代品，能夠一次參觀英國各時代的服裝。其中以十八世紀的豪華時裝最吸引觀賞者的目光，當然也不能錯過十九世紀末期至二十世紀初期，決定時裝發展方向，由英國設計師製作的西裝。十六世紀以前的服裝屬於考古學範圍，而勞動階級的服裝、甚至是民族服裝，為英國國內其他博物館所收藏

的範圍；這裡主要以過去四百年的時尚軌跡為中心主題展開收藏，共計約有八萬件。另外也有參考作品特性而屬於別部門的服裝。

　　常設展以外，約九個月舉行一次主題展覽。另外，只要事前預約，館方也提供學生在收藏庫內研究。

▬▬ 美國

1. 洛杉磯州立美術館　　服裝與織品部

　　美國擁有頂尖服裝織品區的綜合美術館。收集了全世界文化‧文明約五萬五千件作品。收藏範圍涵蓋西元前至現代。提供常設展以及主題展。以教育為目的的杜力斯‧史坦研究所，進行著以服飾為交集的多領域研究。

2. 費城藝術博物館　　服裝與織品部

　　很早就成立服飾部門的綜合美術館。

　　1893年成立了紡織品、蕾絲、刺繡等部門，1955年改為現在的部門，而將焦點放在紡織品與服裝上。常設展一度暫停，之後於1995年重新開放，而大規模的主題展覽則是三年舉行一次。

　　服裝類的收藏約有兩萬件，包含了遠自十七世紀的印度織品，一直到二十世紀的時尚作品。由部門成立初期時的基礎開始充實，其中還有兩千件以上的蕾絲。1934年舉辦了首次的服裝展之後，服裝的寄贈急速增加，包括出身此地摩納哥葛莉絲王妃的婚紗，以及夏帕瑞麗（Elsa Schiaparelli）的龍蝦圖案洋裝等1935～1941年的代表作品共七十一件。

3. 布魯克林博物館　　服裝與紡織品部

以服裝收藏感到自豪的綜合美術館。

1922年開始積極地收集服裝，並於1972年將服裝與紡織品部獨立出來。由於1990年～1995年服裝與紡織品部的活動中斷，常設展也因此暫停，目前只有舉辦短期的主題展覽。

雖然在FIT（Fashion Institute of Technology）設立時移交了一部份收藏品，目前服裝的收藏還是有三萬五千件以上，十九世紀至二十世紀美國與法國的服裝相當充實。以收藏了華特、夏帕瑞麗等巴黎高級品牌，以及克萊爾・麥克卡德爾（Claire McCardell）、查爾斯・詹姆士（Charles James）等美國代表設計師的作品而聞名。紡織品的部份，則是以中世紀英國刺繡為首，包含了文化復興時期義大利的天鵝絨等作品。

4. 波士頓美術館　　服裝與織品部

美國頂尖的綜合美術館。服裝常設展每半年會更換一次主題。包含了古埃及直到二十世紀的收藏品約三萬六千件。就考古學來說，西元前2000年左右的麻製摺邊服裝也非常重要。同部門的圖書室視預約情況於星期一至星期五開放。

5. 大都會美術館　　服裝會館

世界三大時尚博物館之一。

以1937年成立的服裝美術館為基礎，並於1959年起，改制為大都會美術

館的服裝會館。1970年，館方聘「VOGUE」前總編為該會館的特別顧問，舉辦了嶄新的服裝展，在凍結、僵硬的服裝展示區吹起一股暖風。從前，主題展覽一年舉辦一次，但自1992年開始，一年會舉辦三次主題壁壘分明的展覽。通過埃及區進入的地下常設展示場，是該館最受歡迎的展示區。

收藏品有服裝、配件約六萬件、相關圖書文獻約十一萬件，以及時裝圖樣、素描、詳細介紹時裝的書或雜誌等作品，範圍涵蓋了過去四個世紀、五大洲，包含十七世紀彌足珍貴的時裝以及現代設計作品。該館的收藏完備，完全展現了人類工藝的極致表現、完美的藝術性、以及做為社會·時代的無價見證。而為了調查、研究，可以申請調閱該館的收藏品。

● 日本

1. 神戶時尚美術館

該館以多方視角來觀察時尚。於1997年開館，一年中會輪替三至四次的常設展。重現十八至十九世紀西歐繪畫中的服裝，以及展示了亞洲的民族服裝。也會舉辦主題展，約六千件的收藏品涵蓋了十八世紀至今的服裝。可以在其研究中心借閱圖書以及材料樣本。

2. 京都服飾文化研究財團

這個研究所不僅在日本，也在全世界服飾研究學者的心中具有一定的份量。

成立於1978年，其宗旨為有系統地收集與人類生活息息相關，配合時代變遷的西歐服裝，以及透過研究及公開活動，深刻探討服飾的本質。藏有服裝約一萬件，以及圖書文獻約兩萬筆。以十七世紀的緊身衣為首，涵

蓋現代設計師作品、各時代的象徵服裝、文獻等。像是難得一見的十七世紀鐵製束腹等，內衣的收集也是世界數一數二，收藏受贈自現代頂尖設計師川久保玲等人的作品。

雖然沒有展示館，但是四至五年會與京都國立近代美術館共同舉辦一次大型主題展覽，使得在美術館舉行的服裝展於日本普及開來。也常常在海外舉辦展覽會。

3. 文化學園服飾博物館

日本服飾博物館的先驅。以服飾教育、研究為目的，於1979年開館。一年中會輪替四次的常設展，並於秋天舉辦主題展。收藏品涵蓋古今海內外的服飾資料約兩萬件，包括西歐的服裝、日本的服飾、以及全世界的民族服裝。

台灣

1. 台灣實踐大學服飾博物館

這是台灣首座專門以服裝收藏為主的大學博物館，為服裝博物館的創建畫下藍圖，於1985年開館。館內展出服飾大致分為中國民族服飾和臺灣原住民衣飾、刺繡文物兩大類。

「實踐大學服飾博物館」最初是為了配合教學所需而籌設，館中展出的珍藏品，包括了明清以後的清朝宮廷服飾、清末民初的旗袍、中國少數民族服飾和台灣原住民服飾、刺繡等；其中，中國少數民族和台灣原住民服飾的收藏，更是橫跨十多個以上不同地區的少數民族。只要向學校預約，校方都很樂意開放給民眾參觀。

2. 順益台灣原住民博物館　　服飾與文化展示區

　　於1994年6月9日開幕，為國內第一座以原住民為主題的私人博物館。服裝與文化為常設展，展示原住民紡織、服飾之美，呈現其社會文化意義。台灣原住民族的服裝配飾材料相當廣泛，所呈現的圖飾花樣也各具特色，展場呈現了多族的典型服飾、刺繡技術、紡織過程、裝飾物等，讓我們感受其獨特的生活方式與價值觀。

★ 中國

1. 寧波服裝博物館

　　成立於1998年10月，由寧波輕紡城股份有限公司出資創辦，是中國第一家服裝專題博物館。2009年10月從寧波月湖景區遷移到鄞州下應街道灣底村國家4A級旅遊區天宮莊園內。

　　寧波服裝博物館新館佔地八畝，分五個展廳：中國近現代服裝變革、紅幫裁縫創業史、中國少數名族服裝、寧波服裝和國際交流、臨時展覽。寧波服裝博物館目前擁有藏品三千五百多件，其中包括三百多件珍貴文物。

國家圖書館出版品預行編目（CIP）資料

名畫中的時尚元素 / 許汝紘作. — 再版. —臺北市：信實文化行銷,
2012.10
面； 公分.（What's in ; 7）

ISBN：978-986-6620-67-6（平裝）

1. 時尚　2. 服飾　3. 歷史　4. 西洋畫　5. 繪畫史

541.8509　　　　　　　　　　　　　　101019483

What's In 007
名畫中的時尚元素

作　　者：許汝紘
總 編 輯：許汝紘
副總編輯：楊文玄
美　　編：楊詠棠
行銷經理：吳京霖
發　　行：楊伯江、許麗雪
出　　版：信實文化行銷有限公司
地　　址：台北市大安區忠孝東路四段 341 號 11 樓之三
電　　話：（02）2740-3939
傳　　真：（02）2777-1413
http://www.cultuspeak.com.tw
E-Mail：cultuspeak@cultuspeak.com.tw
劃撥帳號：50040687 信實文化行銷有限公司

印　　刷：彩之坊科技股份有限公司
地　　址：新北市中和區中山路二段 323 號
電　　話：（02）2243-3233

總 經 銷：高見文化行銷股份有限公司
地　　址：新北市樹林區西圳街一段 117 號
電　　話：（02）2668-9005

更多書籍介紹、活動訊息，請上網輸入關鍵字　華滋出版　搜尋　或　九韵文化　搜尋

感謝以下廠商提供提片：

MAXMARA（華敦國際）、FENDI（台灣凡迪）、
BURBERRY（台灣博伯利）、Stephane Dou &
Changlee Yugin（啟騰）、PLAYIN（蔣文慈衣）、
MARILYN（瑪麗蓮）

特此致謝